Joseantonio Trujillo

NATIVOS INTELIGENTES
La generación de la IA

Créditos

© de los textos,
© de las imágenes: sus autores
© de la presente edición, Fundación Unicaja

Edita   Servicio de Publicaciones
                     de la Fundación Unicaja
                     C./ San Juan de Dios, 1-6º
                     29015 Málaga

Coord. Editorial   Fundación Unicaja

D.L.   MA 1632-2025
I.S.B.N.   978-84-18689-50-5
                     Impreso en España - Printed in Spain

Imprenta   Gráficas Urania

A mi hijo Rodrigo, nativo inteligente.

ÍNDICE

Prefacio

Vivimos un momento histórico en el que la inteligencia artificial ha dejado de ser una novedad para convertirse en el entorno formativo natural de toda una generación. Los jóvenes de hoy no están aprendiendo a utilizar la IA: están creciendo con ella. Por primera vez, asistimos al nacimiento de una generación que no solo interactúa con sistemas inteligentes, sino que se forma dentro de ellos. Este libro se dirige a quienes reconocen que ese cambio no es circunstancial ni pasajero, sino estructural y duradero.

A comienzos del siglo XXI, Marc Prensky propuso el concepto de *nativos digitales* para describir a aquellos jóvenes que habían crecido rodeados de internet, pantallas y dispositivos móviles. Esa generación aprendió a navegar, comunicar y aprender en un entorno conectado, pero todavía estructurado en torno al control humano directo sobre la tecnología. Hoy, más de dos décadas después, se impone la necesidad de nombrar una nueva realidad: la de los *nativos inteligentes*.

Estos no solo utilizan tecnología: viven inmersos en sistemas que anticipan sus decisiones, automatizan sus búsquedas, personalizan su información y responden a sus necesidades antes incluso de que las formulen. La IA ya no es una herramienta más: es el marco operativo del mundo. Mientras los nativos digitales eran usuarios activos, los nativos inteligentes son sujetos modelados por algoritmos que influyen en sus preferencias, sus trayectorias de aprendizaje y sus modos de interacción con la realidad.

Esta nueva generación se mueve con naturalidad entre asistentes virtuales, motores de recomendación y modelos de lenguaje. Aprenden a través de plataformas inteligentes, acceden al conocimiento sin fricciones y desarrollan habilidades de resolución instantánea, pero también enfrentan riesgos que aún no comprendemos del todo: pérdida de pensamiento autónomo, dificultad para establecer límites, dependencia estructural de sistemas que no entienden pero en los que confían.

Por eso, uno de los grandes retos de nuestro tiempo es enseñar a esta generación no solo a usar la inteligencia artificial, sino a **comprenderla, interrogarla y humanizarla**. Para ello deberán desarrollar nuevas competencias: pensamiento crítico, alfabetización algorítmica, ética digital, conciencia sobre la privacidad y capacidad para convivir con sistemas que, aunque inteligentes, no son sabios.

Pero no estarán solos. Existe otra generación que, aunque no nació en este entorno, ha sabido integrarse con lucidez. Son los *inmigrantes inteligentes*: adultos que no temen aprender, que han asumido la transición tecnológica con espíritu crítico, y que pueden ofrecer una visión más pausada, más ética y más consciente del lugar que debe ocupar la tecnología en nuestras vidas.

Lejos de oponer generaciones, este libro propone una alianza: **una colaboración entre quienes aportan intuición tecnológica y quienes ofrecen criterio histórico**. Porque si los nativos inteligentes representan el futuro de la interacción con la IA, los inmigrantes inteligentes pueden ser los guardianes del sentido, los que aportan la memoria, el equilibrio y el límite.

Este libro no es una celebración ingenua de la tecnología, ni una advertencia apocalíptica. Es una invitación a pensar con profundidad qué significa crecer, aprender y decidir en un mundo atravesado por sistemas inteligentes. Y es también una llamada a construir una nueva ética compartida, donde el progreso no se mida solo por la velocidad de los algoritmos, sino por la calidad humana de las decisiones que tomamos con ellos —y, a veces, a pesar de ellos—.

Los nativos inteligentes están llamados a ser los nuevos humanistas del siglo XXI.

Preface

We are living through a historic moment in which artificial intelligence is no longer a novelty, but rather the natural learning environment for an entire generation. Today's youth are not simply learning how to use AI; they are growing up with it. For the first time, we are witnessing the birth of a generation that not only interacts with intelligent systems, but is being shaped within them. This book is addressed to those who understand that this change is not circumstantial or fleeting—it is structural and enduring.

In the early 21st century, Marc Prensky introduced the concept of *digital natives* to describe young people who had grown up surrounded by the internet, screens, and mobile devices. That generation learned to navigate, communicate, and acquire knowledge in a connected environment—still largely governed by direct human control over technology. Today, more than two decades later, it is time to name a new reality: that of the *intelligent natives*.

These individuals don't just use technology—they live immersed in systems that anticipate their decisions, automate their searches, personalize their information, and respond to their needs before they even articulate them. AI is no longer just another tool; it is the operating framework of the world. While digital natives were active users, intelligent natives are shaped by algorithms that influence their preferences, their learning paths, and their modes of interacting with reality.

This new generation moves effortlessly among virtual assistants, recommendation engines, and language models. They learn through smart platforms, access knowledge without friction, and develop skills for instant problem-solving—but they also face risks we do not yet fully understand: the erosion of autonomous thought, difficulty setting boundaries, and structural dependence on systems they do not comprehend, but in which they place great trust.

One of the great challenges of our time, therefore, is to teach this generation not only to use artificial intelligence, but to understand it, question it, and humanize it. To do so, they must develop new competencies: critical thinking, algorithmic literacy, digital ethics, awareness of privacy, and the capacity to coexist with systems that —while intelligent— are not wise.

But they will not be alone. There is another generation that, although not born into this environment, has integrated into it with clarity. These are the *intelligent immigrants*: adults unafraid of learning, who have embraced technological transformation with a critical spirit, and who can offer a more reflective, ethical, and conscious vision of the role technology should play in our lives.

Far from opposing generations, this book proposes an alliance: a collaboration between those who bring technological intuition and those who offer historical perspective. Because if intelligent natives represent the future of interaction with AI, intelligent immigrants can be the guardians of meaning—the ones who preserve memory, balance, and boundaries.

This is not a naïve celebration of technology, nor an apocalyptic warning. It is an invitation to think deeply about what it means to grow, to learn, and to decide in a world shaped by intelligent systems. And it is also a call to build a new shared ethic, one in which progress is not measured solely by the speed of algorithms, but by the human quality of the decisions we make with them—and sometimes in spite of them.

Intelligent natives are called to be the new humanists of the 21st century.

1. Introducción: La nueva generación de "nativos inteligentes"

Los *nativos inteligentes* son la nueva generación que está creciendo en un entorno donde la inteligencia artificial (IA) es parte fundamental de sus experiencias diarias. Interactúan y dependen de diferentes sistemas inteligentes, que modelan, influyen y anticipan sus decisiones y comportamientos como nunca lo había hecho antes tecnología alguna. Los jóvenes de hoy constituyen la primera generación formada en esta nueva revolución tecnológica.

En 2001, el educador y escritor estadounidense Marc Prensky, acuñó el término "nativos digitales" para describir a quienes crecieron rodeados de internet y dispositivos móviles. Veintitrés años después, en noviembre de 2024, acuñé por primera vez el concepto *nativos inteligentes* para describir el nuevo paradigma en la conformación de la generación que está creciendo en este tiempo. Estas dos generaciones se diferencian principalmente en el tipo de tecnología con la que han crecido y en el modo de interactuar con ella.

Mientras que los nativos digitales, descritos por Prensky, se distinguían por su dominio del internet, las redes sociales y los dispositivos móviles, los *nativos inteligentes* presentan una relación mucho más profunda con la tecnología. La diferencia clave radica en el nivel de interacción y dependencia que tienen con los sistemas basados en IA. A saber:

1. **Interacción con la tecnología:** Los nativos digitales aprendieron a navegar en internet, enviar correos electrónicos y usar redes sociales. En cambio, los *nativos inteligentes* han crecido con tecnologías que no requieren intervención manual para proporcio-

nar respuestas o servicios. La IA anticipa sus necesidades a través de datos recopilados continuamente.

2. **Nivel de control:** Los nativos digitales controlan activamente la tecnología que usan: deciden qué buscar, qué descargar o cómo comunicarse. Por otro lado, los *nativos inteligentes* a menudo interactúan con sistemas que toman decisiones por ellos, como asistentes virtuales que les sugieren itinerarios, compras o contenido personalizado.

3. **Autonomía frente a la dependencia:** Mientras que los nativos digitales tienen la capacidad de desconectar la tecnología sin afectar significativamente su vida diaria, los *nativos inteligentes* están profundamente integrados en un ecosistema digital que anticipa y automatiza aspectos de su vida cotidiana.

4. **Capacidad de aprendizaje:** Los nativos digitales adoptaron una mentalidad exploratoria con respecto a la tecnología, mientras que los *nativos inteligentes* dependen de su familiaridad innata con la IA para resolver problemas y aprender de forma más rápida y eficiente.

En resumen, mientras que los nativos digitales representaron una revolución en el uso de la tecnología, los *nativos inteligentes* simbolizan una evolución hacia un paradigma en el que la tecnología no solo es una herramienta, sino un entorno integral que configura cómo piensan, actúan y viven.

La IA ha transformado no solo la tecnología, sino la forma en que las personas se relacionan con el mundo y consigo mismas. Para los *nativos inteligentes*, la IA no es solo un concepto abstracto, sino un elemento central en sus experiencias diarias.

La nueva generación crece comprendiendo intuitivamente las aplicaciones de IA, como asistentes virtuales (Alexa, Siri), algoritmos de recomendación y chatbots. Usan estas tecnologías como una extensión de su propio conocimiento y habilidades, con una facilidad similar a la que los nativos digitales muestran con dispositivos digitales. Experimentan la personalización en todas sus interacciones digitales: desde educación hasta entretenimiento y redes sociales, lo que les da una experiencia única y adaptada a sus gustos y preferencias. Ven a la IA como una herramienta para trabajar, aprender y resolver proble-

Nativo digital vs. Nativo inteligente: diferencias clave

Dimensión	Nativo digital	Nativo inteligente
Relación con la tecnología	Usuario hábil de dispositivos y plataformas digitales	Usuario + evaluador crítico de los sistemas de IA
Uso de la información	Consumo masivo, pero no siempre filtrado	Consumo consciente, pensamiento crítico y verificación
Privacidad	Poco consciente del valor de sus datos personales	Activo en proteger su identidad digital y exigir transparencia algorítmica
Educación	Adaptado al entorno digital pero sin necesariamente comprender cómo funciona	Comprende los mecanismos técnicos y éticos que rigen la IA y su impacto en la sociedad
Producción de contenido	Generador espontáneo y emocional de contenidos	Prosumidor ético: produce con intención, reflexión y responsabilidad
Valores	Adaptabilidad, inmediatez	Responsabilidad, justicia, empatía intergeneracional
Autonomía	Dependencia frecuente de la tecnología para decidir y opinar	Autonomía informada: sabe cuándo confiar y cuándo cuestionar

mas. Están acostumbrados a interactuar y colaborar con sistemas de IA, lo que les brinda habilidades avanzadas en la integración de tecnología en su vida personal y profesional. Al vivir rodeados de tecnología que recopila y utiliza datos de manera continua, están llamados a desarrollar una mayor conciencia sobre la privacidad y el uso ético de sus datos personales, aunque es un área de tensión entre su confianza en la tecnología y sus derechos a la privacidad. Otra de sus características definitorias es que acceden a herramientas de IA que les permiten aprender y resolver problemas más rápido que antes. Esto fomenta una capacidad de aprendizaje acelerada y una familiaridad con el uso de IA para la educación. Por tanto, podemos señalar como claves en la definición del día a día de esta nueva generación los siguientes aspectos:

1. **Educación personalizada:** Los nativos inteligentes se benefician de sistemas educativos basados en IA que adaptan los materiales y ritmos de aprendizaje según sus capacidades y necesidades individuales. Plataformas como Khan Academy y Duolingo utilizan algoritmos para identificar puntos débiles y reforzar áreas de conocimiento.

2. **Consumo y entretenimiento:** Esta generación experimenta un consumo completamente personalizado gracias a algoritmos de recomendación en plataformas como Netflix, Spotify y Amazon. La IA aprende de sus preferencias y optimiza las ofertas para maximizar la satisfacción del usuario.

3. **Comunicación y relaciones sociales:** Los asistentes virtuales y las aplicaciones basadas en IA, como los chatbots, han cambiado la forma en que los nativos inteligentes se comunican. Estas herramientas no solo simplifican las tareas diarias, sino que también facilitan la interacción con personas y servicios en todo el mundo.

4. **Trabajo y productividad:** Los nativos inteligentes están integrados en un ecosistema donde herramientas como automatización de tareas, análisis predictivo y gestión de datos son indispensables para la toma de decisiones.

Según estudio publicado por el Pew Research Center en enero de este año, el 26% de los adolescentes estadounidenses (de 13 a 17 años) informaron haber utilizado ChatGPT para realizar sus tareas escolares, duplicando a los que lo hacían en el 2023. En ese mismo estudio se ponía de manifiesto que el uso de ChatGPT fue más alto entre adolescentes negros e hispanos, alcanzando el 31% en 2024, en comparación con el 22% entre adolescentes blancos . Otro estudio publicado en Europa en 2024, concluía que aproximadamente el 70% de los estudiantes de secundaria en Italia y Francia habíann utilizado modelos de lenguaje como ChatGPT en sus rutinas educativas, con una mayor frecuencia entre estudiantes mayores y varones .

Hay que hacer notar que la comodidad de contar con IA para resolver problemas puede llevar a una falta de desarrollo de habilidades críticas de resolución y análisis independiente en esta nueva generación. Sin duda, se encontrarán con dificultades futuras en la toma de decisiones complejas cuando no tengan la ayuda tecnológica. Los *nativos inteligente*s puede que tengan también dificultades para definir una identidad propia fuera de los algoritmos y las personalizaciones. Una de sus obligaciones más perentorias será la de desarrollar habilidades críticas para evaluar la información generada por IA, así como un entendimiento profundo de la ética en el uso de la IA, para no confiar ciegamente en los algoritmos y sus recomendaciones. Deberán definir y construir también los nuevos derechos digitales, entre los que se incluirán el derecho de conocer cómo funcionan los algoritmos que afectan sus decisiones y su vida cotidiana. También resulta crucial el derecho a la privacidad en la interacción con IA, garantizando que sus datos personales sean recolectados y utilizados de manera ética, segura y respetuosa. Además, el derecho a la supervisión humana en decisiones automatizadas se vuelve esencial para asegurar que la autonomía y el juicio humano prevalezcan en decisiones críticas que puedan afectar significativamente sus vidas. En conjunto, estos derechos les ayudarán a establecer un marco ético y legal que promueva la equidad y la justicia en la era de la IA, empoderando a los *nativos inteligentes* a vivir en un entorno digital seguro y respetuoso con sus derechos fundamentales.

En este nuevo contexto de la revolución tecnológica actual, los jóvenes se enfrentan a un ecosistema digital que no solo redefine las formas de comunicación y aprendizaje como hemos señalado, sino que también exige nuevas competencias intelectuales y éticas. Para entender su papel en este entorno, proponemos la **Pirámide de Autonomía**, un modelo que ilustra el tránsito evolutivo desde el uso pasivo de la tecnología hasta una relación crítica e inteligente con ella.

En la base se encuentra el *usuario pasivo*, aquel que consume contenidos sin cuestionarlos ni comprender su funcionamiento interno. En el nivel intermedio aparece el *nativo digital*, que domina con soltura las herramientas tecnológicas pero no siempre posee el criterio necesario para discernir su impacto o sus implicaciones. En la cúspide se sitúa el *nativo inteligente crítico*, un perfil emergente que combina

PIRÁMIDE DE AUTONOMÍA

↑

**nativo
inteligente
crítico**

**nativo
digital**

**usuario
pasivo**

habilidades técnicas con pensamiento autónomo, ética digital y capacidad para utilizar la inteligencia artificial como extensión de su razonamiento, no como sustituto.

Esta infografía resume visualmente este esquema conceptual y servirá como punto de partida para profundizar, a lo largo del libro, en las competencias, desafíos y oportunidades que definen a esta nueva generación: los nativos inteligentes.

Si los *nativos inteligentes* son jóvenes que están creciendo con la inteligencia artificial y deben saber utilizarla con sentido crítico, los ***inmigrantes inteligentes*** somos quienes, sin haber nacido en este ecosistema tecnológico, hemos aprendido a integrarnos en él con responsabilidad y reflexión. Este término trasciende el concepto original de *inmigrante digital*, propuesto por Marc Prensky en 2001, que se refería simplemente a la diferencia generacional en la adopción tecnológica. El ***inmigrante inteligente*** no solo adopta tecnología: la contextualiza, la interroga, la modula. Y, sobre todo, la pone al servicio del bien común.

Este perfil es cada vez más visible. Un estudio del Pew Research Center del 2023 muestra que más del 40% de los adultos mayores de 40 años en EEUU ha probado alguna herramienta de inteligencia artificial generativa, y un 18% la usa al menos una vez por semana, especialmente en contextos profesionales o educativos. En Europa, datos de Eurostat del 2023 confirman que el 22% de los usuarios de IA tienen más de 45 años, y que su uso está creciendo más deprisa en este grupo que entre los menores de 25.

Estos datos desmienten el cliché de que la IA es territorio exclusivo de los jóvenes. De hecho, los inmigrantes inteligentes son actores fundamentales en la construcción de una ciudadanía digital ética. Aportan una memoria histórica del mundo pre-digital, una sensibilidad humanista muchas veces ausente en los entornos muy tecnificados, y una capacidad para establecer límites. Son clave en el diálogo intergeneracional que necesita la sociedad para no dejarse arrastrar por el vértigo de la innovación sin reflexión.

Lejos de representar un obstáculo, los ***inmigrantes inteligentes*** podemos ser mentores, compañeros y guías en el proceso de integración de la IA en nuestras vidas. Trabajando junto a los nativos inteligentes —con sus talentos innatos para la creatividad digital— pueden lograrse verdaderas sinergias. Esta alianza no es una concesión ni una nostalgia: es una estrategia colectiva hacia una inteligencia compartida, plural y con sentido.

2. Los "nativos inteligentes" en un mundo de IA omnipresente

LA INTERACCIÓN COTIDIANA CON SISTEMAS INTELIGENTES

La era de la inteligencia artificial (IA) ha transformado la forma en que interactuamos con el mundo. Los "nativos inteligentes", aquellos que han crecido inmersos en tecnologías digitales y sistemas inteligentes, experimentan una relación sin precedentes con estas herramientas. Desde asistentes virtuales que responden a comandos de voz hasta sistemas de recomendación que predicen nuestras preferencias, la IA está presente en casi todos los aspectos de nuestra vida diaria.

Un sector donde existe un mayor uso de estas herramientas tecnológicas es el educativo. Está más extendido de lo que cabría pensar dado el escaso tiempo que lleva disponible. El 69% de los padres, el 73% de los profesores y el 82% de los estudiantes de entre 14 y 17 años las ha usado alguna vez, según el último estudio de Empantallados.com y GAD3 sobre el uso de la tecnología en los hogares españoles publicado en 2024. Destacan los siguientes datos:

- El 85% de los estudiantes utiliza la IA al menos una vez por semana, y un 40% admite haber compartido información que luego resultó ser falsa.
- El 82% de los adolescentes ha empleado herramientas de IA para tareas escolares, como realizar trabajos (58%), complementar contenidos (56%) y preparar exámenes (50%).

España destaca como uno de los países en los que los estudiantes otorgan mayor importancia al uso de herramientas de inteligencia artificial y en los afirman contar con una motivación para aprender sobre la IA. Atendiendo a las áreas de conocimiento, los estudiantes de ingeniería, ciencias de la salud y ciencias sociales son los que más abogan por integrar la IA en la educación.

Igualmente, España despunta como uno de los países que reporta los niveles más altos de confianza en el aprendizaje sobre inteligencia artificial. En general se nota una correlación positiva entre la importancia otorgada a IA y la motivación a aprender: en aquellos países en los que se observa una mayor importancia de la inteligencia artificial, también se encuentra un mayor interés en adquirir conocimientos relacionados con este campo.

En cuanto a las herramientas de IA más utilizadas, las relativas a la IA generativa son las más extendidas entre los estudiantes de nuestro país (78%), seguida de los asistentes virtuales (63%). El alumnado español es el que más emplea herramientas de gamificación de experiencia de aprendizaje respecto al resto de países analizados: 3 de cada 10 estudiantes en España afirman utilizarlas.

La ubicuidad de los sistemas inteligentes facilitan también muchas tareas cotidianas, como la organización del tiempo, la adquisición de bienes y servicios y la comunicación interpersonal. Un ejemplo es el uso masivo de aplicaciones como Google Maps o Waze, que emplean algoritmos avanzados para ofrecer rutas óptimas basadas en el tráfico en tiempo real. También vemos cómo plataformas como Netflix o Spotify utilizan modelos predictivos para personalizar contenido y mejorar la experiencia del usuario.

Algunos datos interesantes del uso de estos sistemas inteligentes nos describen la relevancia de los mismos:

- **Google Maps** es utilizada por más de 1.000 millones de personas cada mes, con usuarios que recorren más de 1.000 millones de kilómetros diarios utilizando la aplicación.
- **Waze** cuenta con aproximadamente 140 millones de usuarios activos mensuales, destacando en mercados como Estados Unidos, Brasil e Israel.
- **Spotify** alcanzó en 2024 los 263 millones de suscriptores premium y 675 millones de usuarios activos mensuales.
- **Netflix** superó los 300 millones de suscriptores en el primer trimestre de 2024, con una notable adopción de su plan con publicidad, que ya cuenta con más de 40 millones de usuarios activos mensuales.

SISTEMAS INTELIGENTES EN LA VIDA COTIDIANA

USO DE APLICACIONEES DE NAVEGACIÓN

Más de
1.000
millones
de personas
cada mes

Más de
1.000 millones de
kilómetros recorridos
diariamente

Aproximada-
menen
140
millones
activos

140
millones de
usuarios
activos
mensuales

PLATAFORMAS DE ENTRETENMIENTO Y PERSONALIZACION

 Spotify

263
millones
de
premium

millones
de
suscriptores
Desnsuies

Más de
300
millones
de
suscriptores

Estos datos reflejan cómo los sistemas inteligentes se han integrado en múltiples aspectos de la vida cotidiana, ofreciendo soluciones personalizadas y eficientes que, si bien mejoran la comodidad y accesibilidad, también plantean desafíos relacionados con la autonomía y la toma de decisiones informadas. Los nativos inteligentes, más que cualquier otra generación, necesitan desarrollar habilidades críticas para comprender el funcionamiento y las limitaciones de estas tecnologías.

DEPENDENCIA DE LA IA EN LA TOMA DE DECISIONES

A medida que los sistemas inteligentes se vuelven más sofisticados, también aumentan las decisiones que delegamos en ellos. Desde elegir qué restaurante visitar hasta determinar inversiones financieras, los algoritmos ahora desempeñan un papel clave en decisiones que solían ser exclusivamente humanas.

En la última Encuesta Globlal de McKinsey de 2024 muestra que el 65 por ciento de los participantes en la misma reportaron que sus organizaciones utilizan regularmente IA generativa, casi el doble del porcentaje de la encuesta anterior de hace apenas diez meses. Las expectativas de los encuestados sobre el impacto de la IA generativa siguen siendo muy altas y tres cuartas partes predicen que la IA generará cambios significativos o disruptivos en sus sectores en los próximos años.

Organizaciones que han adoptado la IA en al menos una función empresarial,[1] % de encuestados

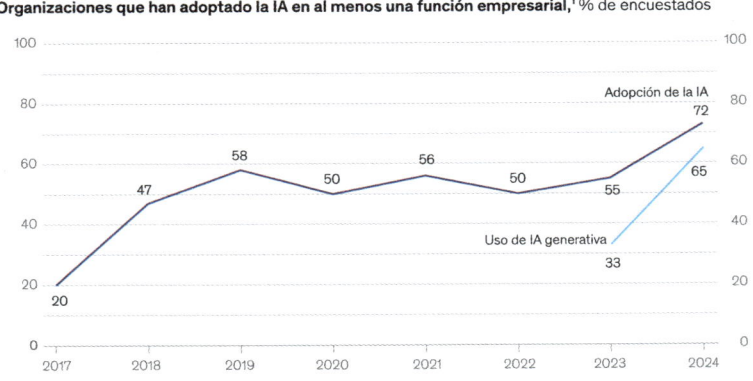

[1]En 2017, la definición de adopción de IA era utilizar la IA en una parte central del negocio de la organización o a escala. En 2018 y 2019, la definición incorporaba al menos una capacidad de la IA en procesos o productos comerciales. Desde 2020, la definición es que la organización ha adoptado la IA en al menos una función. Fuente: Encuesta Global de McKinsey sobre IA, 1,363 participantes en todos los niveles de la organización, del 22 de febrero al 5 de marzo de 2024

McKinsey & Company

Esta delegación tiene ventajas innegables. Los sistemas basados en IA procesan grandes volúmenes de datos en fracciones de segundo, proporcionando recomendaciones fundamentadas y respaldadas por evidencia estadística. Sin embargo, esta comodidad también conlleva una reducción de la capacidad crítica. Cuando las decisiones están mediadas por algoritmos, corremos el riesgo de aceptar sus resultados sin cuestionarlos.

Un área particularmente preocupante es la toma de decisiones en contextos complejos, como el acceso a servicios financieros. Por ejemplo, algunos bancos utilizan algoritmos para evaluar la solvencia de los clientes, mientras que hospitales recurren a sistemas de IA para priorizar tratamientos. Aunque estos sistemas pueden ser más rápidos y precisos que los humanos, también están sujetos a sesgos y errores inherentes a sus diseños y datos de entrenamiento.

Las empresas están explorando nuevas tecnologías de inteligencia artificial para mejorar sus flujos de trabajo, asignar tareas y distribuir el trabajo de manera más eficiente, con el objetivo de aumentar la productividad. No obstante, el ritmo de adopción de estas tecnologías varía significativamente entre diferentes sectores y tamaños de empresas.

El uso de la inteligencia artificial en la toma de decisiones implica que las organizaciones emplean esta tecnología y algoritmos de machine learning para analizar datos, detectar patrones y hacer recomendaciones que apoyen la toma de decisiones . Según "The Master Algorithm: How the Quest for the Ultimate Learning Machine Will Remake Our World," la IA ha revolucionado el análisis de datos financieros, permitiendo decisiones más rápidas y precisas.

La inteligencia artificial mejora la precisión y rapidez en la toma de decisiones financieras al analizar grandes volúmenes de datos en tiempo real. Sus algoritmos detectan patrones complejos y tendencias ocultas, lo que facilita decisiones más informadas y efectivas. Según "Machine Learning for Asset Managers," el aprendizaje automático ha permitido desarrollar modelos avanzados para predecir tendencias del mercado, precios de activos y riesgos financieros . Al analizar grandes volúmenes de datos la inteligencia artificial (IA) mejora la toma de decisiones financieras al identificar oportunidades y prever tendencias, además de personalizar la experiencia del cliente. No obstante, el uso de datos financieros plantea preocupaciones sobre privacidad y seguridad, y la implementación de IA enfrenta desafíos éticos relacionados con la transparencia y la equidad, como se discute en The Ethics of Big Data: Current and Foreseeable Issues in Biomedical Contexts. La implementación exitosa de la IA requiere una inversión significativa en tecnología y capacitación del personal. Aunque la IA mejora la toma de decisiones financieras mediante análisis avanzados y optimización de procesos, también presenta desafíos como la privacidad de datos y el sesgo algorítmico. Es esencial que las empresas enfrenten estos desafíos proactivamente para maximizar el potencial de la IA en la gestión de riesgos financieros y el cumplimiento normativo.

En el contexto de los nativos inteligentes, esta dependencia plantea retos educativos. Es fundamental fomentar una alfabetización tecnológica que no solo enseñe a usar la IA, sino también a entender sus implicaciones éticas y sociales.

CÓMO LOS ALGORITMOS MODELAN Y ANTICIPAN EL COMPORTAMIENTO HUMANO

El Machine Learning que subyace en la Inteligencia Artificial puede ser una herramienta de gran utilidad para poder predecir o estimar cuestiones que pueden ser tan importantes como:

- El ciclo de vida de los clientes y el valor de los mismos a lo largo de este ciclo.
- La detección de errores y anomalías en la producción de componentes, piezas o productos completos.
- La fijación de precios de forma dinámica en función de los criterios establecidos.
- El mantenimiento predictivo de maquinaria, vehículos u otros elementos.
- Clasificación de imágenes.
- Motores de recomendación.
- Estimaciones de demanda.
- Predicciones meteorológicas.
- Detección de fraudes potenciales.
- La detección de ataques informáticos.

Los algoritmos que subyacen a la IA no solo procesan datos: también modelan y predicen el comportamiento humano. Plataformas como Facebook o Instagram son claros ejemplos de cómo las tecnologías inteligentes utilizan algoritmos para maximizar el compromiso del usuario. Al analizar patrones de interacción, estas plataformas personalizan los contenidos para mantenernos conectados durante más tiempo.

La capacidad predictiva de los algoritmos se extiende más allá de las redes sociales. En el comercio electrónico, Amazon y Alibaba emplean modelos avanzados para anticipar qué productos comprará un cliente. En la educación, herramientas como Duolingo adaptan sus lecciones según el rendimiento individual, mientras que en la salud, aplicaciones de fitness monitorean datos biométricos para ofrecer recomendaciones personalizadas.

Dada la gran cantidad de datos sobre el comportamiento de sus consumidores que almacenan muchas empresas, poder sacar un rendimiento económico de la información que pueden proporcionar estos datos es de vital importancia. En este sentido, los motores de recomendación son un claro ejemplo del potencial de herramientas como los algoritmos de aprendizaje autónomo para obtener un rendimiento económico de estos datos.

Como ejemplo del potencial de estos motores de recomendación, Netflix (y otras empresas como Amazon o YouTube) utiliza el suyo para ofrecer contenidos a sus usuarios en base a los resultados obtenidos de los datos de cada usuario que introduce en el algoritmo de aprendizaje autónomo de su motor. De este modo, consigue ofrecer a los usuarios contenidos con mayor probabilidad de ser vistos, complaciendo al usuario y aumentando el tiempo de estancia del usuario en su plataforma.

En el caso de Netflix, la empresa valora económicamente el rendimiento de su motor de búsqueda en 1000 millones de dólares al año, mientras que Amazon estima que las recomendaciones de su motor son capaces de aumentar las ventas anuales de la plataforma de comercio electrónico entre un 20 y un 35 %.

La línea entre la relevancia y la explotación sólo con fines comerciales puede difuminarse rápidamente, especialmente si un sistema de IA se optimiza para la persuasión sin transparencia ni supervisión.

Si un chatbot está adaptando argumentos para impulsar una agenda política o desinformación y lo hace basándose en un perfil psicológico del usuario, ahí es donde corremos serios riesgos éticos. Los algoritmos pueden reforzar comportamientos existentes o perpetuar sesgos, limitando la diversidad de elecciones.

Un estudio publicado en *Nature Human Behaviour* en 2025 revela que las recomendaciones de GPT-4, son más persuasivas que los humanos en el 64% de los debates en línea a los que se han sometido en un experimento. Solo necesitan tener acceso a información básica de su oponente para ganar en la mayoría de los encuentros. El riesgo es evidente: la capacidad de manipulación.

Para los nativos inteligentes, comprender cómo operan estos algoritmos es crucial. Esto incluye conocer cómo se recopilan y procesan sus datos, así como desarrollar la capacidad de detectar manipulaciones y sesgos. Solo así podrán navegar en un mundo dominado por la IA sin perder su sentido crítico y capacidad de agencia.

La omnipresencia de algoritmos que modelan y anticipan el comportamiento humano subraya la importancia de una alfabetización digital crítica. Para los nativos inteligentes, no basta con ser usuarios competentes de la tecnología; deben convertirse en ciudadanos digitales conscientes, capaces de comprender y cuestionar las herramientas que moldean su experiencia diaria. Solo así podrán ejercer plenamente su autonomía en un mundo cada vez más influenciado por la inteligencia artificial.

Para ayudar en este proceso de alfabetización digital crítica, proponemos una matriz 2×2: Riesgo-beneficio de delegar decisiones en IA. Esta matriz permite clasificar y evaluar las decisiones que estamos cediendo a la inteligencia artificial. Identificar en qué cuadrante nos situamos es clave para desarrollar una ciudadanía digital crítica y consciente, capaz de discernir cuándo la delegación tecnológica empodera y cuándo, por el contrario, nos vulnera.

Esta matriz permite a los nativos inteligentes —y a quienes los forman— distinguir entre escenarios donde delegar en la IA es útil, e incluso deseable, y otros donde puede ser problemático o éticamente cuestionable. Su objetivo no es rechazar la IA, sino aprender a *convivir con ella críticamente*, entendiendo cuándo amplifica nuestras capacidades y cuándo amenaza con sustituir nuestra responsabilidad.

RIESGO / BENEFICIO	Beneficio bajo	Beneficio alto
Riesgo bajo	**Zona de apoyo asistido** La IA actúa como asistente funcional en tareas simples. **Ejemplos**: recordatorios, clasificación de correos, sugerencias de calendario. **Ventajas**: Ahorro de tiempo, menor carga cognitiva. **Riesgos**: Mínimos.	**Zona de optimización inteligente** La IA mejora la eficiencia en contextos estructurados. **Ejemplos**: navegación GPS, diagnóstico preliminar por imagen, sugerencias personalizadas en plataformas. **Ventajas**: Precisión, personalización, comodidad. **Riesgos**: Bajo margen de error si el sistema está bien entrenado.
Riesgo alto	**Zona de delegación innecesaria.** La IA toma decisiones en ámbitos donde su intervención no aporta valor real. **Ejemplos**: selección automática de contactos, recomendaciones ideológicas sin contexto. **Riesgos**: Empobrecimiento del criterio, uniformidad cultural, pérdida de agencia.	**Zona crítica de delegación.** La IA se aplica en decisiones sensibles o con fuerte impacto social. **Ejemplos**: concesión de créditos, priorización de pacientes, decisiones judiciales automatizadas. **Ventajas**: Velocidad y escala. **Riesgos**: Opacidad algorítmica, sesgos, deshumanización.

La clave está en formar individuos capaces de identificar cuándo la delegación de decisiones maximiza el beneficio sin comprometer la autonomía ni la justicia. Educar en este discernimiento será esencial para que la próxima generación no solo use la inteligencia artificial, sino que lo haga con inteligencia humana.

3. Evolución en el procesamiento de la información

DIFERENCIAS EN EL PENSAMIENTO Y PROCESAMIENTO DE INFORMACIÓN

La forma en que los seres humanos piensan y procesan la información ha cambiado radicalmente a lo largo de la historia. No se trata solo de tener acceso a más datos, sino de una transformación profunda en los mecanismos mentales con los que interpretamos el mundo.

Durante milenios, la oralidad fue el canal exclusivo para transmitir el conocimiento. El pensamiento era secuencial, comunitario y anclado a la memoria. El saber no se almacenaba en soportes externos, sino que vivía en las palabras, en los cantos y en la repetición. Recordar era comprender.

Con la escritura, el ser humano logró externalizar la memoria. La palabra se hizo visible, permanente, portátil. Este salto permitió pensar de forma abstracta, dividir el tiempo, sistematizar ideas. Nació el pensamiento lineal, la argumentación lógica y el hábito de leer para entender, no solo para recordar.

La imprenta llevó estos procesos a una escala masiva. Durante la modernidad, el libro se convirtió en el templo del conocimiento. El pensamiento se organizó en capítulos, párrafos, frases subordinadas. La lectura extensa formaba lectores reflexivos, capaces de sostener su atención durante horas. El saber era escaso y se valoraba por su densidad.

Hoy, sin embargo, habitamos otro ecosistema. La era digital ha roto la linealidad. Vivimos rodeados de hipervínculos, imágenes animadas, alertas, ventanas emergentes. La información no se busca: aparece. No se profundiza: se escanea. No se filtra: se consume. Las nuevas generaciones, los llamados nativos digitales —o, como propongo en este libro, los *nativos inteligentes*— han desarrollado habilidades adaptadas a este entorno: rapidez visual, multitarea, flexibilidad cognitiva. Pero también han asumido sus costes: déficit de atención, impaciencia ante la complejidad, dificultad para sostener un pensamiento sin interrupciones.

Podemos trazar así una evolución del procesamiento de la información:

- **Sociedades orales**: conocimiento transmitido por repetición; pensamiento circular y tradicional.
- **Sociedades escritas**: pensamiento abstracto, reflexión individual, surgimiento de la lógica formal.
- **Imprenta y modernidad**: consolidación del saber profundo y organizado; atención sostenida.
- **Era digital**: fragmentación, estímulo constante, lenguaje audiovisual y velocidad como norma.

Estos cambios pueden observarse con claridad en el aula. Profesores de todo el mundo coinciden en que las nuevas generaciones, aunque muestran habilidades tecnológicas avanzadas, presentan mayores dificultades para concentrarse, leer textos largos o desarrollar una línea de pensamiento compleja sin distracciones. En un estudio reciente de la Universidad de Stanford (2022), se confirmó que los estudiantes nacidos en entornos digitales destacan en la identificación rápida de patrones visuales y en la toma de decisiones instantánea, pero obtienen puntuaciones más bajas en pruebas que requieren concentración sostenida y pensamiento analítico.

Para comprender mejor este cambio, conviene comparar algunas variables clave entre la era pre-digital y la digital actual:

No se trata de caer en el juicio fácil de lo viejo frente a lo nuevo. El pensamiento profundo no ha desaparecido, pero ha dejado de ser el único modelo cognitivo dominante. Vivimos una transición. Y quienes nazcan y crezcan en esta época no están condenados ni bendecidos, pero sí moldeados por un entorno donde saber navegar entre el ruido se convierte en una nueva forma de inteligencia.

Aspecto	Era pre-digital	Era digital
Acceso a la información	Escaso, filtrado por instituciones	Abundante, desintermediado, inmediato
Tipo de pensamiento	Lineal, profundo, reflexivo	Fragmentado, rápido, multitarea
Atención	Prolongada, sostenida	Breve, interrumpida, cambiante
Memoria	Interna, ejercitada	Externa, delegada a dispositivos
Lenguaje dominante	Verbal, escrito	Visual, audiovisual, icónico
Autoridad del conocimiento	Libros, docentes, expertos	Algoritmos, redes sociales, motores de búsqueda
Procesos cognitivos	Analíticos, secuenciales	Intuitivos, paralelos

DE LOS "NATIVOS DIGITALES" A LOS "NATIVOS INTELIGENTES"

Durante las primeras décadas del siglo XXI, la expresión *nativos digitales* se consolidó como una categoría útil para describir a las generaciones que habían crecido rodeadas de dispositivos tecnológicos. Acuñado por Marc Prensky en 2001, el término aludía a niños y jóvenes que no habían conocido el mundo analógico y, por tanto, manejaban con fluidez herramientas como internet, móviles, videojuegos o redes sociales. Frente a ellos, los *inmigrantes digitales* —adultos que se habían adaptado a la tecnología con mayor o menor éxito— revelaban un desfase generacional en cuanto al lenguaje, la velocidad y los hábitos de uso.

Sin embargo, el tiempo ha demostrado que ser hábil con la tecnología no equivale necesariamente a comprenderla. Muchos de esos nativos digitales son usuarios intensivos pero pasivos: saben cómo usar una app, pero desconocen qué datos ceden, qué algoritmos la rigen o qué consecuencias tiene su uso indiscriminado. Ven el mundo digital como un escenario natural, pero no como un sistema que puede —y debe— ser interrogado.

De ahí la necesidad de un nuevo concepto: el de *nativos inteligentes*. A diferencia del modelo anterior, el nativo inteligente no se limita a consumir tecnología, sino que interactúa con ella de forma crítica y estratégica. Entiende, por ejemplo, que una red social no es solo un espacio de expresión, sino también un mercado de atención gobernado por algoritmos que priorizan ciertos contenidos según intereses comerciales. Sabe que una herramienta de inteligencia artificial puede facilitarle la vida, pero también reconoce sus limitaciones, sus sesgos y sus implicaciones éticas.

Compartamos un ejemplo concreto: Claudia y Miguel tienen 16 años. Ambos utilizan TikTok a diario. Claudia es una nativa digital: graba vídeos, sigue tendencias y pasa varias horas al día consumiendo contenido. No se pregunta por qué ciertos vídeos le aparecen ni cómo influyen en su estado de ánimo.

Miguel, en cambio, es un nativo inteligente. Además de usar la plataforma, ha investigado cómo funciona el algoritmo de TikTok, ha detectado patrones en su consumo, ha ajustado su configuración de privacidad y ha creado una cuenta paralela para experimentar cómo cambia el contenido según el perfil de usuario. Incluso ha participado en una iniciativa escolar para analizar el impacto de los filtros de belleza en la percepción corporal adolescente.

Ambos saben usar TikTok, pero solo uno sabe pensar con TikTok.

Tabla comparativa: nativos digitales vs. nativos inteligentes

Dimensión	Nativo digital	Nativo inteligente
Relación con la tecnología	Intuitiva, cotidiana	Crítica, consciente
Uso de plataformas	Consumo activo (vídeos, apps, juegos)	Uso estratégico (automatización, aprendizaje, análisis)
Conocimiento de algoritmos	Bajo o inexistente	Comprende reglas, sesgos y funcionamiento
Gestión de privacidad	Básica o descuidada	Consciente, revisa políticas y ajusta configuraciones
Actitud frente a la IA	Utiliza sin preguntar	Investiga, explora, cuestiona
Habilidades clave	Multitarea, rapidez, adaptación	Evaluación crítica, ética digital, pensamiento sistémico
Ejemplo típico	Usa ChatGPT para hacer deberes	Usa ChatGPT para aprender cómo se entrena un modelo de IA

Convertirse en nativo inteligente no es un privilegio de nacimiento. Es una forma de educación digital avanzada, de aprendizaje transversal que mezcla tecnología, pensamiento crítico, ética y creatividad. No basta con saber usar: hay que saber elegir, saber interpretar, saber resistir.

Porque en un mundo donde las decisiones se automatizan, la verdadera inteligencia será saber cuándo no dejarse llevar.

IMPACTO EN LA EDUCACIÓN Y EL APRENDIZAJE

El surgimiento de los *nativos inteligentes* plantea un desafío urgente y profundo al sistema educativo. No basta ya con enseñar a usar herramientas digitales: el verdadero reto está en formar mentes que comprendan, analicen y se anticipen a los cambios que esas herramientas traen consigo. La escuela, tal y como fue concebida en el siglo XX, se encuentra ante una encrucijada. Los esquemas tradicionales basados en la memorización, la repetición y la uniformidad ya no son suficientes para una generación que convive a diario con la inteligencia artificial, los algoritmos personalizados y la sobreabundancia de información.

En este nuevo paradigma, el aprendizaje debe ser mucho más que adquirir datos: debe centrarse en desarrollar pensamiento crítico, capacidad de análisis, creatividad y conciencia ética. Ya no se trata solo de saber cosas, sino de saber qué hacer con lo que se sabe, cómo contrastarlo, cómo interpretarlo y cómo utilizarlo de forma responsable.

Las aulas del futuro —que en muchos lugares ya son las aulas del presente— deben integrar herramientas basadas en inteligencia artificial que permitan adaptar los contenidos, el ritmo y la metodología a las características de cada alumno. Plataformas educativas que detectan patrones de aprendizaje, asistentes virtuales que resuelven dudas, sistemas de evaluación automática o entornos inmersivos que simulan escenarios reales ya no son ciencia ficción: son instrumentos que, bien utilizados, pueden democratizar el acceso al conocimiento y reducir desigualdades.

Pero hay un peligro: usar la tecnología sin entenderla. Los nativos inteligentes no solo deben saber utilizar estas herramientas, sino también comprender cómo funcionan. ¿Qué datos recopilan? ¿Qué sesgos arrastran sus algoritmos? ¿Qué límites tiene una IA al evaluar el aprendizaje humano? ¿Puede una máquina detectar una idea original, una emoción, una intuición? ¿Qué pasa cuando se automatiza el proceso de aprender?

Es imprescindible enseñar estas cuestiones desde edades tempranas. La alfabetización digital no puede limitarse a saber escribir en un teclado o crear una presentación en PowerPoint. Debe incluir también la comprensión del lenguaje de los datos, el funcionamiento de los algoritmos, la ética de la automatización, la gestión de la identidad digital y la reflexión sobre el impacto de la tecnología en la vida cotidiana.

Una escuela secundaria en Helsinki ha comenzado a utilizar un sistema de IA que detecta el nivel de atención de los alumnos durante las clases virtuales a través de análisis de expresión facial y movimiento ocular. Los datos se utilizan para ajustar el ritmo de la lección o identificar a estudiantes que puedan necesitar refuerzo. Sin embargo, en paralelo, los profesores explican a los estudiantes cómo funciona ese sistema, cuáles son sus límites, y promueven debates sobre privacidad y vigilancia educativa. Esta doble aproximación —tecnológica y ética— representa el modelo educativo que exige la era de los nativos inteligentes.

La evolución en el procesamiento de la información abre así enormes oportunidades para una educación más personalizada, inclusiva y efectiva. Pero también plantea riesgos que no deben subestimarse: deshumanización, dependencia tecnológica, pérdida de autonomía, desigualdad de acceso.

El verdadero progreso consistirá en encontrar el equilibrio entre la inteligencia artificial y la inteligencia humana. Entre lo que puede hacer una máquina y lo que solo puede intuir una mente.

Formar nativos inteligentes es, en el fondo, educar para no renunciar a lo más humano en un mundo cada vez más automatizado.

4. Educación y aprendizaje acelerado en la era de la IA

USO DE LA IA EN EL APRENDIZAJE PERSONALIZADO

Uno de los cambios más significativos que ha traído la inteligencia artificial al ámbito educativo es la posibilidad real de personalizar el aprendizaje a escala. Lo que antes parecía una utopía —una educación adaptada al ritmo, estilo y necesidades de cada estudiante— es ahora una realidad que se implementa en miles de aulas y hogares en todo el mundo.

A diferencia del modelo tradicional, donde todos los alumnos avanzaban de forma simultánea siguiendo un mismo esquema secuencial de contenidos, los sistemas basados en IA permiten un enfoque completamente distinto. Ya no es el estudiante quien debe adaptarse al ritmo de la clase: es el contenido el que se ajusta dinámicamente al progreso del alumno.

Herramientas como **Khan Academy** —a través de su tutor de inteligencia artificial *Khanmigo*— ofrecen una experiencia que va más allá de la explicación estática de un concepto. El sistema detecta los errores, identifica lagunas en el razonamiento y plantea ejercicios personalizados que refuerzan justo aquello que el alumno necesita practicar. La retroalimentación es inmediata, el nivel de dificultad se ajusta en tiempo real y el estudiante se convierte en protagonista activo de su proceso de aprendizaje.

Otro caso paradigmático es **Duolingo**, la popular plataforma de aprendizaje de idiomas. Su motor de IA monitoriza cada respuesta, registra patrones de error, analiza el tiempo de respuesta y selecciona ejercicios futuros en función de los puntos débiles detectados. El resultado es una experiencia que, aunque basada en la repetición, no es homogénea: dos usuarios pueden estar aprendiendo lo mismo, pero nunca del mismo modo.

Este enfoque personalizado tiene implicaciones profundas: motiva a estudiantes que antes se sentían perdidos en el grupo, refuerza la autonomía, favorece la curiosidad natural y reduce la frustración por no "seguir el ritmo". Además, permite detectar con antelación señales de desmotivación o bloqueo cognitivo, ofreciendo apoyo antes de que aparezca el abandono escolar.

Desde la neurociencia, estos avances encuentran un respaldo fundamental. Investigaciones recientes en **neuroeducación** han demostrado que el cerebro aprende de forma más eficaz cuando los estímulos se adaptan al estado emocional, la atención y el nivel de desarrollo neuronal del alumno. El concepto de **neuroplasticidad** —la capacidad del cerebro para reorganizarse en respuesta a nuevos estímulos— se potencia cuando el aprendizaje es relevante, personalizado y se produce en un entorno seguro.

Estudios de investigadoras como **Patricia Greenfield** o **Renate Nummela Caine** confirman que los entornos de alta estimulación, siempre que estén correctamente ajustados a las necesidades del estudiante, generan mayores conexiones sinápticas y consolidan aprendizajes de forma más duradera. La IA, al ofrecer esa personalización precisa, actúa como catalizador de esa reorganización cerebral. No es solo un medio tecnológico: es un entorno neuroestimulante que, bien diseñado, transforma el aula en un espacio de activación cognitiva profunda.

La inteligencia artificial, por tanto, no solo revoluciona la pedagogía. También transforma la arquitectura misma del cerebro que aprende.

El futuro del aprendizaje personalizado ya no es un concepto teórico: está en marcha. Y en él, los *nativos inteligentes* no son solo receptores de conocimiento, sino **constructores de su propio camino educativo**, guiados por sistemas capaces de aprender de ellos mientras ellos aprenden del mundo.

VENTAJAS Y DESAFÍOS DE LA EDUCACIÓN ADAPTADA POR ALGORITMOS

La educación adaptativa basada en algoritmos representa uno de los avances más transformadores de la era de la inteligencia artificial. Permite que cada estudiante reciba una experiencia formativa ajustada a su nivel, ritmo y forma de aprender. Frente al modelo uniforme de la educación tradicional —donde todos siguen el mismo contenido al mismo tiempo—, los sistemas algorítmicos trazan rutas individuales, priorizando aquello que cada alumno necesita reforzar o avanzar.

Entre sus principales ventajas destaca la **eficiencia del aprendizaje**. Al detectar de manera automática los puntos fuertes y débiles de cada estudiante, el sistema puede evitar repeticiones innecesarias y centrarse en lo esencial, optimizando el tiempo y aumentando la motivación. Además, este modelo contribuye a la **reducción de desigualdades**, ya que alumnos con dificultades o necesidades especiales pueden acceder a recursos ajustados a sus capacidades, sin quedar rezagados ni estigmatizados en el aula.

Por ejemplo, en proyectos piloto desarrollados en escuelas públicas de Colombia, se ha implementado una plataforma adaptativa en matemáticas que detecta bloqueos conceptuales y redirige el aprendizaje en tiempo real. Niños que antes suspendían sistemáticamente lograron superar el umbral mínimo de competencias al recibir apoyo personalizado en formato lúdico, con desafíos ajustados a sus errores más frecuentes. En paralelo, los estudiantes más avanzados podían profundizar sin aburrirse ni perder interés.

Sin embargo, esta revolución pedagógica no está exenta de riesgos. Uno de los más relevantes es la **dependencia excesiva de la tecnología**. Si el sistema educativo delega completamente en los algoritmos el diseño del proceso de enseñanza, corre el peligro de **deshumanizar el aprendizaje**, olvidando que la educación no es solo transmisión de conocimiento, sino también acompañamiento emocional, vínculo social y diálogo crítico.

Otro desafío es el de los **sesgos algorítmicos**. Los sistemas de IA aprenden de datos previos, que muchas veces reflejan desigualdades estructurales o prejuicios sociales. Si no se supervisan adecuadamente, los algoritmos pueden reproducir y amplificar esas distorsiones. Por ejemplo, un sistema que asocia bajo rendimiento a ciertos contextos socioeconómicos puede acabar ofreciendo contenidos menos desafiantes a alumnos que, en realidad, tienen potencial no detectado. Así, el algoritmo, en lugar de abrir puertas, las cierra sin querer.

Además, está la cuestión de la **opacidad algorítmica**: ni los estudiantes ni los profesores siempre comprenden por qué el sistema toma ciertas decisiones, qué criterios sigue o cómo se evalúan los progresos. Esta falta de transparencia puede generar desconfianza, y hace imprescindible una formación específica para que docentes y alumnos aprendan a interpretar y cuestionar el funcionamiento de estas herramientas.

En resumen, la educación adaptada por algoritmos tiene un enorme potencial transformador, pero solo si se utiliza como instrumento complementario, no como sustituto. La inteligencia artificial puede guiar el camino, pero es la inteligencia humana la que debe elegir la dirección.

Tabla resumen: Ventajas y desafíos de la educación algorítmica

Ventajas	Desafíos
Aprendizaje personalizado y adaptado	Riesgo de dependencia tecnológica
Optimización del tiempo y enfoque en contenidos clave	Falta de interacción humana y vínculo pedagógico
Identificación temprana de dificultades	Reproducción de sesgos y desigualdades sociales
Mayor motivación y autonomía del alumno	Opacidad en el funcionamiento de los algoritmos
Reducción de la brecha entre estudiantes	Necesidad de supervisión ética y formación docente

LA RELACIÓN ENTRE LA COMODIDAD TECNOLÓGICA Y LAS HABILIDADES CRÍTICAS

La inteligencia artificial ha simplificado enormemente el acceso al conocimiento. Hoy, una pregunta formulada correctamente en un motor de búsqueda o en un modelo de lenguaje como ChatGPT puede devolver en segundos una respuesta que antes requería horas de estudio. Esta transformación ha convertido la tecnología en un aliado imprescindible para estudiantes de todo el mundo. Pero también ha generado una paradoja: cuanto más fácil es acceder a la información, más difícil parece volverse el ejercicio de pensar por cuenta propia.

La comodidad tecnológica —entendida como inmediatez, automatización y accesibilidad sin fricción— puede erosionar lentamente ciertas capacidades cognitivas fundamentales. Entre ellas, destaca el **pensamiento crítico**, que exige tiempo, contraste de fuentes, análisis comparativo, argumentación lógica y, sobre todo, tolerancia a la complejidad y a la duda.

En entornos educativos dominados por respuestas automáticas y soluciones listas para usar, el riesgo es que los estudiantes se acostumbren a **saber sin comprender**, a obtener sin investigar, a aceptar sin cuestionar. Esta dependencia puede generar lo que algunos neuroeducadores han llamado *pasividad cognitiva asistida por IA*: la ilusión de saber algo solo porque se ha leído una respuesta generada por una máquina.

Un ejemplo concreto: cada vez es más común que los estudiantes utilicen herramientas de IA para generar resúmenes de textos, ensayos, comentarios críticos o incluso problemas matemáticos resueltos paso a paso. Si este uso no va acompañado de una guía pedagógica clara, corremos el riesgo de transformar la educación en una experiencia de consumo de productos intelectuales ya elaborados, donde se pierde la oportunidad de desarrollar habilidades como la inferencia, la argumentación y la creatividad.

Sin embargo, la solución no es eliminar la tecnología, sino **modular su uso** y enseñar a convivir con ella de forma consciente. La IA puede ser un excelente punto de partida para el pensamiento crítico si se utiliza como **herramienta de diálogo, no de sustitución**. Un texto generado por IA puede ser analizado, cuestionado, comparado con otras fuentes, utilizado como borrador o como objeto de debate. Así, el estudiante no abandona su papel activo, sino que lo fortalece, tomando a la IA como una primera voz a la que debe responder, no como una verdad incuestionable.

Desde la psicología cognitiva se sabe que el desarrollo del pensamiento crítico requiere **esfuerzo mental, disonancia y tiempo de elaboración**. No es una habilidad que se forme en la comodidad, sino en la fricción intelectual. Por eso, una pedagogía verdaderamente inteligente en la era de la IA debe ser aquella que **incomoda suavemente**, que plantea preguntas en lugar de entregar soluciones, que pone en marcha procesos en lugar de ofrecer atajos.

La comodidad tecnológica no debe ser vista como un enemigo, sino como un entorno de riesgo que exige una actitud activa. El acceso fácil a la información debe ir acompañado de una formación fuerte en ética, análisis y discernimiento. Solo así los *nativos inteligentes* lograrán un equilibrio entre eficiencia y profundidad, entre saber rápido y saber bien.

SIETE LECCIONES A MODO DE RESUMEN:

1. El fin del aprendizaje lineal

Vivimos el declive del paradigma tradicional basado en la memorización, el aprendizaje secuencial y homogéneo. La IA y el acceso instantáneo al conocimiento están dando lugar a modelos no lineales, adaptativos y personalizados. Esto representa una ruptura con la enseñanza "en bloque", y un giro hacia el aprendizaje *por demanda*, basado en necesidades inmediatas y contextuales.

Referencia: Prensky plantea que los Nativos Digitales aprenden "a ráfagas", no de forma lineal, y que prefieren formatos visuales, interactivos y aleatorios a los tradicionales pasos secuenciales.

2. De la información a la transformación

El conocimiento ya no es el producto final, sino la materia prima para generar nuevas ideas mediante herramientas de IA. Modelos como ChatGPT, Copilot o Khanmigo permiten que el estudiante actúe como diseñador de contenido, no solo consumidor.

Ejemplo real: El programa Khanmigo de Khan Academy actúa como tutor personalizado basado en IA para cada alumno, promoviendo autonomía y aprendizaje activo.

3. Aprendizaje adaptativo y neuroplasticidad

La IA puede adaptar contenidos a los ritmos individuales. Esto se vincula con estudios de neuroplasticidad: cuanto más personalizado el estímulo, más profunda es la reorganización cerebral. Esta es la base científica del *aprendizaje acelerado*.

Referencia: El trabajo de Patricia Greenfield y Renate Caine confirma que el cerebro puede recablearse con estímulos digitales intensivos
.

4. Atención y recompensa inmediata

La IA responde al entorno de gratificación instantánea que forma parte del ecosistema mental de los nativos inteligentes. Esto no implica falta de concentración, sino redirección atencional estratégica. Los alumnos aprenden si el entorno responde a su estilo cognitivo.

Referencia: Estudio de Lorch sobre atención infantil en medios mixtos (juguetes + TV): los niños seleccionan estratégicamente los momentos de atención, sin pérdida de retención.

5. El aula como laboratorio de simulación

Con herramientas como realidad virtual, realidad aumentada y chatbots conversacionales, el aula puede convertirse en un entorno simulado para aprender haciendo (*learning by doing*). La IA permite prácticas clínicas, resolución de conflictos, programación o análisis de datos en entornos seguros y personalizados.

Ejemplo: Simulaciones clínicas con IA en universidades médicas como Stanford o Harvard están logrando mejores resultados que prácticas convencionales

6. La alfabetización de segundo orden

Ya no basta con saber leer y escribir. Los nativos inteligentes necesitan alfabetización en IA: entender cómo se entrenan los modelos, cómo se generan sesgos, cómo verificar fuentes y cómo ser creativos junto a la tecnología.

Referencia: UNESCO, *Guidance for Generative AI in Education* (2023): plantea la necesidad de incluir la IA generativa como parte del currículo escolar.

7. Evaluar con IA, no contra la IA

El aprendizaje acelerado debe romper con la evaluación memorística. Herramientas como *proyectos asistidos por IA*, *portafolios dinámicos* o *exámenes abiertos* fomentan pensamiento crítico y creatividad, no simple retención.

Ejemplo: La Universidad de Cambridge ya permite el uso de ChatGPT como herramienta para ensayos, siempre que se cite.

5. Habilidades tecnológicas y autonomía

LA DESTREZA EN EL USO DE LA IA
COMO EXTENSIÓN DE HABILIDADES

Para los *nativos inteligentes*, la inteligencia artificial no es una herramienta externa, sino una prolongación natural de su pensamiento. Lejos de sustituir las capacidades humanas, la IA —cuando se usa con criterio— actúa como un amplificador de las habilidades cognitivas, una especie de exoesqueleto mental que potencia lo que el individuo ya es capaz de hacer por sí mismo. Es, en definitiva, una forma de *autonomía aumentada*.

Esta nueva destreza consiste en saber cuándo y cómo delegar. Saber qué puede hacer una máquina por ti, y qué no debe hacer nunca en tu lugar. Herramientas como **ChatGPT**, **Copilot** (para programadores), **Gemini** (integrada en el entorno de Google) o **Midjourney** (para generar imágenes mediante lenguaje natural) no están diseñadas para suplantar el conocimiento, sino para **acelerar procesos, desbloquear ideas y liberar recursos mentales** para tareas de mayor complejidad.

Hoy, un estudiante puede utilizar ChatGPT para estructurar un ensayo, generar posibles líneas de desarrollo argumental, obtener referencias cruzadas o traducir términos técnicos. Pero su verdadero aprendizaje empieza cuando interpreta esa información, la cuestiona, la reelabora y le da forma propia. En ese momento, el estudiante no está copiando: está **co-creando con la máquina**, usando la IA como una extensión de su razonamiento.

Este enfoque ya ha sido respaldado por organismos internacionales como la **UNESCO**, que en su informe de 2023 sobre IA en la educación destaca el valor de estos procesos cuando se integran con propósito formativo. En una experiencia piloto en secundaria, los alumnos aprendieron a usar ChatGPT para diseñar hipótesis de investigación en ciencias sociales. La IA ofrecía sugerencias, pero eran los estudiantes quienes decidían, contrastaban y argumentaban sus elecciones. El resultado: mayor motivación, mejor estructura de trabajo y más profundidad en el análisis final.

La clave está en la gestión de la interacción. La habilidad no reside solo en lo que uno sabe hacer, sino en cómo **dialoga con la IA** para sacar el mejor resultado posible. Esta forma de inteligencia no es técnica, sino estratégica: saber cuándo preguntar, cómo refinar una orden, cómo evaluar una respuesta. Es una alfabetización de segundo orden, donde el talento se mide por la capacidad de *trabajar junto a la máquina sin dejar de ser humano*.

Tabla resumen: Habilidad técnica vs. autonomía aumentada

Aspecto	Usuario técnico	Nativo inteligente
Uso de IA	Consulta puntual	Interacción constante y estratégica
Objetivo principal	Resolver una tarea	Ampliar la capacidad personal
Nivel de autonomía	Dependencia del resultado generado	Revisión, reelaboración y control del proceso
Rol frente a la máquina	Usuario pasivo	Co-creador y supervisor
Resultado del proceso	Producto funcional	Aprendizaje profundo y producción personalizada

La IA, bien usada, no anula la autonomía: **la redefine**. No se trata de pensar menos, sino de pensar mejor. El reto educativo del presente consiste en enseñar a las nuevas generaciones no solo a dominar estas herramientas, sino a **usarlas con criterio, creatividad y responsabilidad**, como verdaderos prolongadores de su inteligencia.

POTENCIAL PÉRDIDA DE HABILIDADES DE ANÁLISIS INDEPENDIENTE

Si la inteligencia artificial puede ayudarnos a pensar, ¿puede también desactivar nuestra capacidad de hacerlo por nosotros mismos? Esta pregunta, que hace apenas una década parecía filosófica, hoy es pedagógica. En un entorno en el que es posible delegar en un asistente de IA desde la redacción de una idea hasta su desarrollo completo, la autonomía intelectual enfrenta un nuevo tipo de amenaza: la comodidad de no tener que pensar.

El uso intensivo de herramientas de inteligencia artificial —cuando no se regula con criterios educativos— puede llevar a una **externalización sistemática del pensamiento**, una delegación temprana de tareas cognitivas fundamentales: interpretar, organizar, comparar, deducir, inferir, crear. Si la primera versión de todo lo que hacemos viene ya elaborada por un sistema externo, ¿dónde queda el músculo del pensamiento original?

El escritor y ensayista **Nicholas Carr**, en su obra *The Shallows* (2010), anticipó con inquietante lucidez este fenómeno. Argumentaba que la constante exposición a contenidos digitales fragmentados y de rápida recompensa estaba modificando nuestra estructura cognitiva, debilitando la atención sostenida, la memoria de trabajo y la capacidad de leer en profundidad. En palabras suyas: "Lo que la Red parece estar haciendo es erosionar mi capacidad para concentrarme y contemplar."

Trece años después, la inteligencia artificial ha intensificado esa tendencia. Un estudio publicado en *Nature Human Behaviour* (2023) demostró que los estudiantes que utilizaron IA como apoyo resolvieron más tareas en menos tiempo, pero cuando fueron evaluados sin esa asistencia, sus resultados fueron notablemente inferiores en comprensión, precisión y creatividad. La habilidad de resolver no había sido interiorizada: había sido tercerizada.

Por eso, uno de los retos pedagógicos centrales de esta década será enseñar **cuándo no usar la IA**. La verdadera autonomía no reside solo en dominar las herramientas, sino en saber cuándo silenciarlas. El pensamiento crítico requiere fricción, error, pausa y elaboración interna. Y si se evita sistemáticamente ese esfuerzo en nombre de la eficiencia, se pierde lo que da sentido a aprender: la transformación interior que implica comprender por uno mismo.

En este escenario, educar no consiste únicamente en capacitar técnicamente, sino en **cultivar la independencia cognitiva**, el silencio fértil donde nace una idea que no ha sido sugerida por nadie más. Saber dialogar con la IA es importante. Pero saber detenerse y pensar sin ella será una forma superior de inteligencia.

Tabla comparativa: Autonomía real vs. dependencia funcional

Aspecto	Autonomía real	Dependencia funcional
Generación de ideas	Nace desde la reflexión personal	Inicia con sugerencias externas de IA
Uso de la IA	Herramienta complementaria y estratégica	Asistente automático y constante
Capacidad de análisis	Se fortalece con el esfuerzo y la duda	Se debilita por la resolución inmediata
Aprendizaje profundo	Proceso activo, lento y duradero	Superficial, rápido y fácilmente olvidable
Evaluación sin apoyo	Rendimiento coherente y sostenido	Dificultad para operar sin guía externa

Frente a un mundo donde pensar es cada vez más fácil de evitar, la tarea de la educación será devolverle valor al esfuerzo de pensar por cuenta propia. Formar *nativos inteligentes* no es enseñarles a tener respuestas, sino enseñarles a hacerse preguntas que ninguna IA pueda anticipar.

LOS DESAFÍOS DE LA TOMA DE DECISIONES COMPLEJAS SIN IA

La inteligencia artificial ha demostrado ser una herramienta formidable en la toma de decisiones. Desde predecir el clima hasta sugerir una sentencia judicial, sus algoritmos procesan cantidades ingentes de datos con una velocidad y precisión que superan las capacidades humanas. Pero en esa eficacia se esconde una trampa: cuanto más decidimos *con* la IA, más difícil puede resultarnos decidir *sin* ella.

La delegación constante de nuestras elecciones, incluso las más personales o críticas, puede provocar una **erosión progresiva del juicio humano**. No se trata solo de comodidad: es una reconfiguración del criterio. Cuando las máquinas predicen nuestros gustos, redactan nuestras respuestas, filtran nuestras noticias o incluso proponen tratamientos médicos, el riesgo no es solo la pérdida de control, sino la pérdida del sentido de agencia. Nos volvemos observadores de nuestras propias decisiones.

En contextos de alta complejidad —como la medicina, el derecho o la ética aplicada— esta delegación puede tener consecuencias graves. El informe de la **Organización Mundial de la Salud** sobre ética e inteligencia artificial (2021) advierte con claridad: "La delegación excesiva de decisiones clínicas en sistemas automatizados puede comprometer la autonomía del profesional y la seguridad del paciente." En otras palabras, una IA puede sugerir, pero nunca debe dictar.

Imaginemos el caso de un médico que recibe una recomendación de tratamiento generada por un sistema de IA entrenado con millones de historiales clínicos. Si el profesional confía ciegamente en el algoritmo, puede pasar por alto matices individuales, síntomas atípicos o incluso señales de alerta que escapan a los datos históricos. El riesgo no es solo técnico: es profundamente humano. Es la pérdida de la **intuición clínica**, del juicio moral, de la capacidad de tomar decisiones difíciles en situaciones límite.

El verdadero desafío para los *nativos inteligentes* no es saber cómo usar la IA para decidir, sino **saber cuándo desconectarla**. Desarrollar ese criterio requiere algo más que competencias digitales: exige formación ética, madurez emocional y experiencia contextual. No todo lo que puede decidirse automáticamente debe decidirse así. La autonomía plena no se construye solo con acceso a buenas herramientas, sino con el coraje de asumir la responsabilidad del error.

Esta frontera —la de decidir cuándo no decidir con ayuda— será uno de los dilemas fundamentales del siglo XXI. No es una cuestión de tecnología, sino de libertad. Y como toda libertad, exige conciencia, educación y límites.

Tabla resumen: Decidir con IA vs. decidir sin IA

Aspecto	Decisión asistida por IA	Decisión independiente (sin IA)
Velocidad de análisis	Alta, basada en grandes volúmenes de datos	Más lenta, basada en contexto e intuición
Riesgo de sesgos	Depende de los datos de entrenamiento	Depende de experiencias previas y prejuicios personales
Nivel de autonomía	Parcial: delegación en el sistema	Plena: responsabilidad directa del sujeto
Ámbitos de aplicación ideales	Procesos técnicos, repetitivos o altamente estructurados	Situaciones éticas, humanas o con ambigüedad
Desafío principal	No confiar ciegamente	No desconfiar por sistema, pero saber cuándo hacerlo

Saber decidir es una forma de poder. Saber cuándo no dejar que una máquina decida por ti es una forma de inteligencia. Y educar esa inteligencia será una de las tareas centrales para la nueva pedagogía de los nativos inteligentes.

6. Identidad y privacidad en la generación de los "nativos inteligentes"

LA INFLUENCIA DE LOS ALGORITMOS EN LA CONSTRUCCIÓN DE LA IDENTIDAD

Los algoritmos, diseñados para procesar grandes volúmenes de datos, han evolucionado hasta convertirse en herramientas que no solo anticipan necesidades, sino que también moldean la forma en que las personas perciben el mundo y a sí mismas. Para los "nativos inteligentes," los algoritmos son un factor central en la construcción de su identidad, desde sus intereses y creencias hasta sus decisiones más personales.

Los algoritmos no solo seleccionan contenidos; también seleccionan contextos, refuerzan valores y organizan la experiencia del yo. Para los nativos inteligentes, vivir es estar permanentemente asistidos por sistemas que recomiendan, ordenan, filtran y priorizan. A continuación, señalamos los aspectos claves de esta influencia en la construcción de la identidad:

1. Configuración de preferencias y comportamientos:

Los algoritmos de plataformas como Instagram, TikTok y YouTube sugieren contenido basado en patrones de navegación, lo que refuerza los gustos y crea burbujas informativas. Este fenómeno limita la exposición a perspectivas diversas y moldea una identidad que puede no ser completamente autónoma.

Ejemplo: Un adolescente que comienza a ver vídeos sobre rutinas de ejercicio en TikTok pronto recibe una avalancha de contenido fitness, dietas extremas y cuerpos normativos. Su noción de "salud" ya no se forma libremente, sino a través del filtro algorítmico.

2. Validación social mediada por algoritmos:

En las redes sociales, los algoritmos determinan qué publicaciones son visibles y cuáles tienen más probabilidades de recibir interacciones. Para los nativos inteligentes, esta dinámica puede influir en cómo buscan validación y cómo perciben su valor en función de métricas como "me gusta" y comentarios.

Ejemplo: Un joven que sube una publicación en Instagram y no alcanza las interacciones esperadas puede sentir que su identidad ha sido invalidada, aunque el algoritmo simplemente no favoreció su contenido ese día.

Dato útil: Estudios del Pew Research Center (2023) muestran que el 63% de los jóvenes entre 16 y 24 años afirman borrar publicaciones si no reciben suficientes 'likes' en la primera hora.

3. Sesgos y prejuicios algorítmicos:

Los algoritmos no son imparciales; están diseñados por humanos con sus propios sesgos. Esto puede perpetuar estereotipos y desigualdades, afectando cómo los nativos inteligentes ven a otros y a sí mismos dentro de una sociedad digital.

Ejemplo: Una joven negra sube su CV en plataformas de empleo automatizadas y recibe menos coincidencias debido a sesgos del algoritmo entrenado con datos mayoritariamente caucásicos y masculinos.

PERSONALIZACIÓN DIGITAL Y SU IMPACTO EN LA AUTODEFINICIÓN

La personalización digital es una característica distintiva de la era de la inteligencia artificial. Desde la música que escuchan hasta los productos que compran, los nativos inteligentes experimentan una realidad ajustada constantemente a sus preferencias. Sin embargo, esta personalización tiene implicaciones profundas en su proceso de autodefinición.

1. Refuerzo de la identidad fragmentada:

La personalización digital ofrece un entorno donde cada individuo ve un mundo único, pero esto puede fragmentar la percepción de la realidad. Los nativos inteligentes construyen su identidad basándose en lo que los algoritmos eligen mostrarles, lo que puede llevar a una desconexión entre su yo digital y su yo real.

Ejemplo: Una misma persona puede ser en Spotify un amante del jazz, en TikTok un defensor de la sostenibilidad y en Amazon un comprador compulsivo de productos tecnológicos. Cada plataforma refuerza aspectos distintos de su identidad, sin conexión entre ellos.

Esquema didáctico: Identidades paralelas por plataforma

Plataforma	Identidad reforzada	Consecuencia
Instagram	Estética y validación social	Comparación constante
YouTube	Opiniones y consumo político	Cámara de eco ideológica
Spotify	Afinidades emocionales	Reafirmación de estados de ánimo

2. Desafíos para la autenticidad:

En un entorno donde las interacciones están moldeadas por datos, puede resultar difícil para los nativos inteligentes discernir qué aspectos de su identidad son genuinamente suyos y cuáles han sido influenciados por la tecnología.

Ejemplo: Un joven crea un perfil de Tinder con fotos modificadas por IA y frases sugeridas por ChatGPT. Su identidad digital no es falsa, pero sí estratégicamente editada.

3. Privación de la exploración espontánea:

La personalización digital elimina gran parte de la aleatoriedad en la vida. Si bien esto mejora la eficiencia, también limita la oportunidad de descubrir intereses o perspectivas que no se alineen con sus patrones establecidos.

Ejemplo: Antes, explorar música requería rebuscar en tiendas o escuchar radio sin saber qué vendría. Hoy, los algoritmos te "sirven" la música que ellos creen que te gusta. Si nunca has escuchado flamenco, probablemente no te lo recomendarán.

Matriz: Pérdida de la serendipia digital

Antes (offline)	Ahora (algorítmico)	Implicación
Exploración aleatoria	Sugerencias personalizadas	Menor descubrimiento
Exposición a lo inesperado	Contenido filtrado	Menor disonancia cognitiva
Riqueza de contraste	Homogeneidad	Identidades más cerradas

LA TENSIÓN ENTRE CONFIANZA EN LA TECNOLOGÍA Y DERECHOS DE PRIVACIDAD

Uno de los desafíos más grandes para los nativos inteligentes es equilibrar su confianza en la tecnología con la necesidad de proteger su privacidad. La recopilación y el uso de datos personales por parte de empresas tecnológicas generan un dilema ético y práctico que define esta generación.

1. Confianza en la tecnología:

Los nativos inteligentes confían en los sistemas basados en IA para simplificar tareas, resolver problemas y personalizar sus experiencias. Sin embargo, esta confianza ciega a menudo lleva a una falta de cuestionamiento sobre cómo se manejan sus datos y qué consecuencias puede tener.

Ejemplo: Un usuario permite a una app acceder a sus datos biométricos para crear un avatar. No sabe que la empresa puede vender sus patrones faciales a terceros.

Dato: Un informe de Mozilla (2024) señala que el 82% de los términos de uso de apps populares contienen cláusulas que permiten compartir datos con empresas asociadas sin notificación específica.

2. Erosión de la privacidad:

A medida que los algoritmos recopilan datos de forma constante, los límites entre lo público y lo privado se desdibujan. La generación de los nativos inteligentes está más expuesta que nunca a la vigilancia digital, lo que compromete su autonomía.

Ejemplo: Los relojes inteligentes registran el sueño, la frecuencia cardíaca, las rutas de carrera y hasta el estrés. Este flujo de datos puede acabar en manos de aseguradoras que ajustan primas según el "perfil de riesgo".

Matriz: Escala de erosión de la privacidad

Nivel	Ejemplo	Consecuencia
1	Cookies en webs	Publicidad personalizada
2	GPS activo permanente	Perfil de movimiento
3	Análisis de emociones (IA)	Manipulación comercial/emocional
4	Datos biométricos cruzados	Pérdida de control sobre tu cuerpo

3. Conciencia emergente sobre derechos digitales:

Aunque muchos nativos inteligentes no son plenamente conscientes de cómo se utilizan sus datos, hay un creciente movimiento por la transparencia y los derechos digitales. Conceptos como el derecho a conocer los algoritmos que toman decisiones y el derecho a ser olvidado están ganando tracción, reflejando la necesidad de mayor control sobre la privacidad.

Ejemplo: Movimientos juveniles como *Youth for Privacy* han impulsado peticiones para que plataformas revelen cómo funcionan sus algoritmos de recomendación. En Europa, el Reglamento General de Protección de Datos (RGPD) ha sentado las bases de derechos como el **derecho al olvido** o el **acceso a los datos personales**.

DATOS ESTADÍSTICOS RELEVANTES

- **UNICEF (2021)** señala que el 71% de los jóvenes entre 15 y 24 años en todo el mundo ya están conectados a internet, frente al 48% del resto de la población. Fuente: UNICEF Data
- Según **Pew Research Center (2022)**, el 60% de los adolescentes en EE. UU. afirman que sería "muy difícil" vivir sin su smartphone, lo que refleja una dependencia tecnológica que afecta su identidad digital.
- El informe **EU Kids Online (2020)** indica que 1 de cada 3 menores en Europa no sabe configurar correctamente la privacidad de sus redes sociales.

ESTUDIOS DE CASO EDUCATIVOS:

- **Caso Finlandia**: En algunas escuelas secundarias, se ha integrado un módulo llamado *AI Literacy for Youth*, que enseña a los estudiantes a identificar cuándo una recomendación proviene de un algoritmo y cómo afecta su identidad digital. Resultado: mejora del 30% en la percepción crítica del algoritmo.
- **Proyecto Data Detox Kit (Mozilla Foundation)**: talleres prácticos para adolescentes en los que se explora la huella digital personal, privacidad en apps y cómo recuperar el control de los datos. Puedes citarlo como herramienta educativa replicable. https://datadetoxkit.org

Matriz de Conciencia Digital

Nivel	Características	Necesidad formativa
Inconsciente pasivo	Usa tecnología sin saber qué datos entrega ni cómo se usan	Educación básica en privacidad
Usuario funcional	Configura privacidad básica, pero no comprende sesgos ni algoritmos	Pensamiento crítico y explicación algorítmica
Ciudadano consciente	Exige transparencia, configura privacidad avanzada, entiende el impacto de sus datos	Ética digital y derechos
Prosumidor (productor+consumidor) ético	Crea contenidos, educa a otros, defiende derechos en entornos digitales	Liderazgo digital y ciberactivismo

7. Ética y derechos en la interacción con la IA

1. LA NECESIDAD DE UNA ÉTICA EN LA IA

En un mundo donde las decisiones sobre educación, salud, seguridad o trabajo están cada vez más mediadas por algoritmos, la ética de la inteligencia artificial no es opcional: es urgente y estructural. Los nativos inteligentes no solo interactúan con la tecnología; conviven con ella, la incorporan a sus vidas y a sus decisiones.

Esta nueva generación necesita herramientas éticas para comprender los límites de la IA: saber qué puede hacer, qué no debe hacer, y quién es responsable cuando algo falla. El desarrollo de una IA "centrada en el ser humano" exige más que regulación técnica: necesita pensamiento crítico, sensibilidad moral y educación ciudadana digital.

Vivimos una época en la que decisiones trascendentales —como asignar una beca, priorizar una operación médica, o sugerir una sentencia judicial— ya no son tomadas exclusivamente por seres humanos. Sistemas de inteligencia artificial, entrenados con grandes volúmenes de datos, intervienen activamente en procesos que afectan a millones de personas. Por eso, la ética de la IA no es un añadido: es el núcleo de su legitimidad social.

Para los **nativos inteligentes**, que conviven con la IA desde la infancia, el desafío no es aprender a usar la tecnología, sino aprender a **pensar éticamente con ella**. Necesitan desarrollar un criterio que les permita identificar cuándo un sistema automatizado es útil, cuándo es invasivo, y cuándo puede ser peligroso. Esta alfabetización ética debe estar basada en **cuatro pilares**:

Matriz: Ética de la IA centrada en el ser humano
(basada en UNESCO, 2021)

Pilar	Objetivo
Derechos humanos	Garantizar que la IA respete la dignidad y los derechos fundamentales.
Equidad y no discriminación	Evitar sesgos y asegurar justicia algorítmica.
Diversidad y pluralismo	Incluir valores culturales y contextos locales en los desarrollos de IA.
Supervisión humana	Asegurar que haya siempre una instancia humana responsable.

El informe de la **UNESCO (2021)** subraya la urgencia de establecer una **gobernanza global de la IA** que garantice estos valores. Sin ética, la IA se convierte en un poder técnico sin brújula moral, capaz de tomar decisiones efectivas pero desprovistas de justicia o compasión.

Los nativos inteligentes deberán liderar este debate ético. Porque serán ellos quienes diseñen, usen y convivan con sistemas que hoy apenas empezamos a entender.

Referencia clave: UNESCO, *Recomendación sobre la ética de la inteligencia artificial* (2021). Propone una gobernanza global de la IA que garantice derechos, equidad, diversidad cultural y supervisión humana. https://unesdoc.unesco.org/ark:/48223/pf0000381137

2. DERECHO A CONOCER LOS ALGORITMOS QUE AFECTAN SUS VIDAS

Uno de los principios fundamentales de la ética digital es la *transparencia algorítmica*. Los nativos inteligentes deben tener derecho a saber si una IA ha intervenido en una decisión que les afecta (una nota, una beca, un diagnóstico, un contenido recomendado) y cómo ha intervenido.

No se trata solo de conocer la existencia del algoritmo, sino de entender su lógica, sus sesgos potenciales y sus límites. Este derecho es la base de una ciudadanía informada en la era de la automatización.

Otro de los principios clave de una ciudadanía algorítmica es el **derecho a la explicación**. No basta con saber que una IA ha intervenido en una decisión: hace falta comprender cómo y por qué lo ha hecho.

Ejemplo real: En 2020, el Reino Unido utilizó un sistema de inteligencia artificial para calificar los exámenes de acceso universitario durante la pandemia. El algoritmo penalizó sistemáticamente a estudiantes de colegios públicos, basándose en datos históricos del rendimiento escolar, no en el mérito individual. Las protestas llevaron al gobierno a **cancelar el sistema**.

Este caso revela el riesgo de sistemas **no explicables ni auditables**, incluso cuando están diseñados con buenas intenciones. La **Ley Europea de IA (AI Act, 2024)** propone que toda decisión automatizada con impacto legal o significativo deberá venir acompañada de una **explicación comprensible** y **una opción de apelación humana**.

Derechos asociados a la transparencia algorítmica:

Derecho	Ejemplo práctico
Saber si un algoritmo ha intervenido	Notificación en apps, plataformas o trámites públicos
Entender su funcionamiento	Explicación clara (no técnica) del criterio usado por el sistema
Apelar o rectificar decisiones	Revisión humana cuando una decisión automatizada sea injusta

El reto no es técnico, sino democrático: garantizar que ningún ciudadano sea juzgado o definido por un sistema que no comprende y al que no puede cuestionar.

2. PRIVACIDAD, SUPERVISIÓN HUMANA Y OTROS DERECHOS DIGITALES

En la era de los datos, la privacidad ha dejado de ser un derecho accesorio: se ha convertido en la **última frontera de la libertad individual**. Para los nativos inteligentes, esto representa un dilema: crecer conectados significa también crecer expuestos.

Cada clic, cada búsqueda, cada mensaje deja una huella que puede ser analizada, cruzada y monetizada por sistemas invisibles. Por eso, proteger los **derechos digitales** es una cuestión ética y política.

Referencias clave:

- **Informe del Comité de Bioética de España (2022):** alerta sobre el riesgo de despersonalización, sesgos y decisiones automáticas sin intervención humana. Comité de Bioética – IA y derechos fundamentales

- **Caso China:** donde el reconocimiento facial se ha extendido a calles, escuelas y empresas, generando un clima de **vigilancia permanente** y erosión del derecho a la intimidad. The Guardian – "China's all-seeing surveillance state"

Matriz: Derechos digitales esenciales para los nativos inteligentes

Derecho	Función	Riesgo si se vulnera
Privacidad y protección de datos	Controlar qué datos personales se recogen y cómo se usan	Pérdida de autonomía y vigilancia constante
Supervisión humana significativa	Que toda decisión automatizada relevante sea revisable por humanos	Injusticias sin posibilidad de apelación
Derecho a la desconexión	No estar obligado a estar disponible o conectado todo el tiempo	Agotamiento digital, ansiedad, dilución de límites
Derecho al anonimato digital	Poder navegar o expresarse sin ser rastreado o perfilado	Reducción de la libertad de expresión
Derecho a no ser evaluado solo por máquinas	Exigir criterio humano en procesos críticos (empleo, salud, etc.)	Deshumanización y decisiones erróneas

La defensa de estos derechos no puede ser pasiva. Esta generación no debe **pedir permiso**, sino **exigir garantías**. Los nativos inteligentes deben convertirse en defensores activos de un **modelo ético de IA**, donde el respeto por la dignidad humana esté por encima de la eficiencia técnica.

3. EJEMPLOS DE DERECHOS EN EL TRATAMIENTO DE DATOS POR SISTEMAS IA EN SANIDAD.

El tratamiento de datos por sistemas de Inteligencia Artificial (IA), teniendo en cuenta que su finalidad es la de tomar decisiones, bien sea en apoyo del profesional o bien automatizadas, introduce particularidades en los derechos del interesado con relación a sus datos de carácter personal que son muy relevantes.

Nos ceñiremos a la descripción de las particularidades que la utilización de la IA en el ámbito sanitario imprime en los individuos cuando se tratan sus datos de carácter personal (RGPD 2016).

a. Derecho de acceso

El considerando 63 del RGPD establece que los interesados deben tener derecho a acceder a los datos recogidos con el fin de verificar la licitud del tratamiento. En especial hace referencia a la inclusión del acceso a los datos relativos a la salud, y alude, a modo de ejemplo, a los datos de la historia clínica (HC) que contengan información como diagnósticos, resultados de exámenes, evaluaciones de facultativos y cualesquiera intervenciones o tratamientos.

Menciona el derecho a conocer y a que se le comuniquen los fines para los que se tratan los datos, el plazo en el que van a ser tratados, los destinatarios, y, en lo que nos interesa, "la lógica implícita en todo tratamiento automático de datos personales y, por lo menos cuando se base en la elaboración de perfiles, las consecuencias de dicho tratamiento".

El artículo 15.1 del RGPD establece el derecho del interesado a obtener del responsable del tratamiento confirmación de si se están tratando o no datos personales y, en su caso, derecho de acceso a los fines del tratamiento; a las categorías de datos personales tratados; a los destinatarios o a las categorías de destinatarios a los que se comunicaron o van a comunicarse; a los plazos de conservación o, si no fuera posible, a los criterios utilizados para determinarlos; a la posibilidad de solicitar del responsable del tratamiento la rectificación o supresión de datos personales o la limitación del tratamiento de datos personales relativos al interesado, o a oponerse a dicho tratamiento; la posibilidad de presentar una declaración ante la autoridad de control; a la información sobre el origen de los datos cuando estos no hayan sido obtenidos del interesado; además, y esto es especialmente relevante en la materia que nos ocupa, a la existencia de decisiones automatizadas, incluida la elaboración de perfiles, a lo que se refiere el artículo 22, apartados 1 y 4 e información significativa sobre la lógica aplicada así como la importancia y las consecuencias previstas de dicho tratamiento para el interesado.

Podríamos afirmar que el derecho de acceso tiene una importancia fundamental para garantizar la autodeterminación informativa, y, además, se erige en facilitador del resto de los derechos. Si el paciente no puede acceder a los datos, difícilmente podrá ejercer el derecho de supresión o de rectificación -esto, en realidad, ya sucede con una facultad controvertida del profesional sanitario prevista en el artículo 18.3 de la Ley 41/2002 , las anotaciones subjetivas, que, además de su imprecisión, al introducirse en la HC provocan un veto al derecho de acceso por parte del paciente, que nunca será consciente de la existencia de estas y de su contenido al margen de que puedan ser inexactas.

En el ámbito de la IA, el acceso debe realizarse no solo respecto a los datos, ya que ello no garantizaría la comprensión del resultado y dificultaría el ejercicio de los derechos hasta el punto de hacerlos inoperantes. Para la satisfacción del derecho de acceso será necesario trasladar al interesado la explicación sobre la lógica aplicada que subyace a la decisión concreta.

El derecho de acceso es una de las vías a barajar para el controvertido ejercicio del acceso a detalles de la lógica decisional en el caso de las decisiones automatizadas. Las directrices sobre decisiones individuales automatizadas y elaboración de perfiles a los efectos del Reglamento 2016/679, el GT29 sostienen que el derecho de acceso abarca el derecho del interesado a obtener detalles de cualquier dato personal que se utilice para la elaboración de perfiles, incluyendo las categorías de datos utilizadas para elaborar el perfil. El responsable del tratamiento, además de la información general sobre el tratamiento, tiene la obligación de poner a disposición del interesado los datos de entrada para crear los perfiles, así como también la de facilitar el acceso a la información sobre el perfil y los detalles de los segmentos a los que se le ha asignado interés.

b. Derecho de supresión y de rectificación

El RGPD en su Considerando 39 establece que los datos deben ser adecuados, pertinentes y limitados a lo esencial conforme a los fines para los que vayan a ser tratados. Ello se plasma en el artículo 5.1.c en lo relativo al principio de minimización de datos. Para su consecución es necesario precisar de modo estricto su plazo de conservación, de modo que únicamente deberán conservarse si la finalidad no pudiera alcanzarse de otro modo razonablemente.

La responsabilidad proactiva en esta materia se traduce en las obligaciones de establecer plazos para la supresión de la información personal o la revisión periódica para, en su caso, proceder a dicha supresión. La proactividad en materia de protección de datos también se establece con relación a la rectificación de los datos que sean inexactos.

El artículo 5.1.d del RGPD establece el principio de exactitud cuando exige que los datos deben ser "exactos y, si fuera necesario, actualizados". Se establece, asimismo, la obligación de adoptar "todas las medidas razonables para que se supriman o rectifiquen sin dilación los datos personales que sean inexactos con respecto a los fines para los que se tratan".

En la utilización de la tecnología que nos ocupa, la inexactitud de los datos utilizados en los procesos de decisión automatizada o de elaboración de perfiles puede tener graves consecuencias, ya que el perfil resultante o la decisión adoptada basada en datos inexactos podría incurrir en un error que, en materia de salud, acarrearía en muchos casos gravísimas consecuencias. Esto sucedería si la decisión se adoptara con fundamento en datos no actualizados o erróneos, lo que desembocaría en predicciones o afirmaciones no adecuadas. Resulta fundamental en la práctica de la IA la calidad de los datos procesados, ya que la muestra podría ser no representativa y los análisis podrían contener desviaciones ocultas, por lo que incluso el error no se evitaría con el control y la supervisión humana.

El art. 16 del RGPD faculta al interesado a solicitar la rectificación de los datos inexactos que le conciernan, por lo que ello abarca a los datos derivados de perfilados o a aquellos cuya inexactitud pueda provenir de interpretaciones erróneas del algoritmo. El paciente tendría, en atención a lo dispuesto en el citado artículo no solo derecho a "obtener sin dilación indebida del responsable del tratamiento la rectificación de los datos personales inexactos que le conciernan", sino también el derecho "a que se completen los datos personales que sean incompletos, inclusive mediante una declaración adicional".

El GT29 proporciona un ejemplo. Alude a que el sistema informático de un consultorio médico local introduce a un paciente dentro del perfil de altas probabilidades de sufrir una cardiopatía. En principio, el dato no es inexacto, aunque este paciente nunca haya sufrido una cardiopatía. Simplemente se establece que es más propenso a sufrirla desde un punto de vista estadístico. No obstante, el paciente, apelando a un sistema estadístico más avanzado, que tiene en cuenta datos adicionales y cálculos más detallados que los realizados por el consultorio médico local, ofrece una declaración complementaria que fundamenta la rectificación de la información personal de modo que como consecuencia queda fuera del perfil de altas probabilidades de sufrir una cardiopatía.

El derecho de supresión, en el ámbito sanitario, queda sujeto al deber de conservación de los datos, tal y como se prevé en el artículo 17.1 Ley 41/2002 ya que los centros sanitarios tienen la obligación de conservar la documentación clínica durante el tiempo adecuado a cada caso y, como mínimo, cinco años contados desde la fecha de alta de cada proceso asistencial. Además, también existen otras obligaciones de conservación con fines judiciales, epidemiológicos, de salud pública, de investigación o de docencia.

Así, el derecho de supresión o de rectificación puede no ser procedente, como sucedería en el caso de que un paciente solicite la eliminación de un dato presente en su HC que resulte necesario para la prestación de la asistencia sanitaria. De hecho, este derecho no es absoluto, sino que está sujeto a la concurrencia de las circunstancias previstas en el artículo 17.1 RGPD.

c. Bloqueo

El artículo 32 de la LOPDGDD (2018) establece la obligación del responsable al bloqueo de los datos en los casos en los que se proceda a su rectificación o supresión. Consiste el bloqueo, en identificar y reservar los datos, con las medidas técnicas y organizativas que corresponda para impedir su tratamiento, excepto para ponerlos a disposición de jueces, tribunales, Ministerio Fiscal o administraciones públicas competentes para la exigencia de responsabilidades derivadas del tratamiento hasta su prescripción. Tras ese plazo, los datos deberán destruirse.

Ya desde el diseño del tratamiento de los datos personales a través de IA deberían establecerse medidas para que el bloqueo, llegado el momento, se pudiera llevar a cabo, especialmente en lo que se refiere a los datos propios del proceso de inferencia (los datos de entrada y los resultados obtenidos). Con todo, la LOPDGDD establece que cuando la configuración del sistema de información no permita el bloqueo o este requiera una adaptación que exija esfuerzos desproporcionados, se realizará un copiado seguro para hacer constar la evidencia digital, o de otra naturaleza, que permita acreditar la autenticidad, la fecha del bloqueo y la no manipulación de la información durante el mismo.

d. Oposición

El artículo 21 del RGPD reconoce el derecho del interesado a oponerse al tratamiento de datos personales, incluyendo la elaboración de perfiles, cuando los datos se traten en "cumplimiento de una misión realizada en interés público o en el ejercicio de poderes públicos conferidos al responsable del tratamiento" o cuando "el tratamiento es necesario para la satisfacción de intereses legítimos perseguidos por el responsable del tratamiento o por un tercero, siempre que sobre dichos intereses no prevalezcan los intereses o los derechos y libertades fundamentales del interesado que requieran la protección de datos personales, en particular cuando el interesado sea un niño".

En ambos casos se refieren a bases de legitimación que habilitan el tratamiento de datos personales previstas en el artículo 6 puntos e) y f), y abarca la oposición a la elaboración de perfiles sobre las bases anteriores.

En el caso de que el interesado ejercitara el derecho de oposición, el responsable dejará de tratar los datos personales, salvo si acredita motivos legítimos imperiosos para el tratamiento que prevalezcan sobre intereses, derechos y libertades del interesado o para la formulación, el ejercicio o la defensa de reclamaciones.

Al margen del derecho de oposición frente al perfilado, sí que genera mayor interés en esta materia el artículo 21.6 del RGPD que se refiere al derecho de oposición frente al tratamiento de datos con fines de investigación científica de conformidad con el artículo 89, apartado 1. En este caso, el interesado tendrá derecho a oponerse al tratamiento de datos personales que le conciernan, salvo que fuera necesario para el cumplimiento de una misión realizada por razones de interés público. Ello implicaría una compleja ponderación con relación a las razones de interés público.

e. Portabilidad

El artículo 20 del RGPD se refiere al derecho a la portabilidad de los datos. Su ejercicio implica el derecho del interesado a la recepción de los datos personales que le incumben y que haya facilitado al responsable del tratamiento en un formato estructurado, de uso común y de lectura mecánica y a transmitirlos a otro responsable del tratamiento cuando el tratamiento esté basado en el consentimiento –artículos 6.1.a y 9.2.a RGPD– o en un contrato –artículo 6.1.b RGPD– y el tratamiento se efectúe por medios automatizados.

Es necesario que se cumplan dos condiciones para el ejercicio de este derecho. Por un lado, que el tratamiento se realice de modo automatizado, y, por otro, que la base legitimadora del mismo sea o el consentimiento del interesado o un contrato.

En relación con el tratamiento de datos personales por medio de sistemas de IA es relevante que la portabilidad abarcaría tanto los facilitados por el interesado, como los observados, conforme se dispone en las Directrices sobre el derecho a la portabilidad de los datos, pero no los inferidos, deducidos o creados por el responsable a partir de los datos anteriores.

Así se establece en las Directrices sobre decisiones individuales automatizadas y elaboración de perfiles a los efectos del Reglamento 2016/679, el GT29 al referirse al derecho de acceso apunta que "difiere del derecho a la portabilidad de los datos del artículo 20 según el cual el responsable del tratamiento solo debe comunicar los datos facilitados por el interesado u observados por el responsable, y no el propio perfil".

El responsable del tratamiento deberá evaluar si procede la portabilidad de los datos que trata mediante IA y este derecho deberá ser tenido en cuenta desde el diseño del tratamiento. En el supuesto en que fuera técnicamente posible, el ejercicio de este derecho conlleva la transmisión en un formato estructurado, de uso común y de lectura mecánica e interoperable, y, si fuera posible, la transmisión se podría realizar directamente de responsable a responsable. Este derecho da una oportunidad –aparentemente– al paciente para que pueda trasladar así su expediente clínico, pero la apariencia radica en que, pese a la bondad de la letra, la falta de interoperabilidad se constituye como límite infranqueable, sin que la norma ponga remedio a un obstáculo que convierte el derecho en papel mojado porque, técnicamente, no suele ser posible.

f. Limitación

La limitación del tratamiento conforme a lo dispuesto en el artículo 4.3 RGPD implica "el marcado de los datos de carácter personal conservados con el fin de limitar su tratamiento en el futuro".

El artículo 18 del RGPD establece el derecho a obtener del responsable del tratamiento la limitación cuando se cumpla alguna de las condiciones previstas, en concreto "a) el interesado impugne la exactitud de los datos personales, durante un plazo que permita al responsable verificar la exactitud de los mismos; b) el tratamiento sea ilícito y el interesado se oponga a la supresión de los datos personales y solicite en su lugar la limitación de su uso; c) el responsable ya no necesite los datos personales para los fines del tratamiento, pero el interesado los necesite para la formulación, el ejercicio o la defensa de reclamaciones; d) el interesado se haya opuesto al tratamiento en virtud del artículo 21, apartado 1, mientras se verifica si los motivos legítimos del responsable prevalecen sobre los del interesado".

La particularidad, en estos casos, estriba en que respecto de los datos sobre los que se haya establecido la limitación, únicamente cabe tratamiento para conservarlos con consentimiento del interesado o para la formulación, el ejercicio o la defensa de reclamaciones, o con el objeto de proteger los derechos de otra persona o por razones de interés público importante.

g. Revocación

El RGPD establece en su artículo 7.3 que "El interesado tendrá derecho a retirar su consentimiento en cualquier momento. La retirada del consentimiento no afectará a la licitud del tratamiento basada en el consentimiento previo a su retirada. Antes de dar su consentimiento, el interesado será informado de ello. Será tan fácil retirar el consentimiento como darlo".

Establece de modo general en su artículo 4.3 la facultad de revocar el consentimiento inicialmente prestado. De modo específico en cuanto a la utilización de la muestra biológica prevé en el artículo 6.0.3 que el consentimiento puede ser revocado, bien para uno o para varios fines, en cualquier momento. Si la revocación fuera para cualquier uso de la muestra se procederá a su inmediata destrucción, si bien se conservarán los datos resultantes de las investigaciones que se hubieran realizado previamente.

8. El rol de los "inmigrantes inteligentes"

DEFINICIÓN DE LOS "INMIGRANTES INTELIGENTES" Y SU ADAPTACIÓN A LA IA

Cuando Marc Prensky acuñó el término *inmigrantes digitales* a comienzos del siglo XXI, se refería a quienes nacieron antes del auge de internet y llegaron tarde al universo digital. Personas que, a diferencia de los nativos, tuvieron que traducir sus hábitos mentales a un lenguaje nuevo: el de las pantallas, los dispositivos móviles, los hipervínculos y los entornos conectados. Esa transición —más o menos fluida, más o menos forzada— marcó durante años una frontera generacional visible.

Sin embargo, dos décadas después, ese término necesita una revisión. Muchos de aquellos inmigrantes digitales han hecho algo más que adaptarse: han evolucionado. Han aprendido no solo a usar herramientas digitales, sino a integrarlas con sentido. Han desarrollado una actitud crítica frente a la tecnología, sin caer en el rechazo ni en la fascinación. Han descubierto que la IA no es una amenaza a su autonomía, sino una oportunidad para **ampliar sus capacidades sin perder su criterio**.

A este perfil lo llamamos *inmigrante inteligente*. Es una persona que no pretende competir con la generación más joven. Sabe que no tiene su rapidez ni su intuición digital, pero **sí conserva otros activos valiosos**: una memoria de lo analógico, una ética forjada en la escasez, una mirada de conjunto que no se dispersa en estímulos, una resistencia al vértigo de la inmediatez. Es alguien que valora el progreso, pero no se arrodilla ante él.

En el contexto de la inteligencia artificial, este tipo de usuario no renuncia a aprender. Se forma, pregunta, experimenta. Utiliza la IA como una herramienta que mejora su eficiencia, pero sin delegar por completo su juicio. Su inteligencia se expresa en la forma en que combina experiencia humana y precisión algorítmica. No automatiza su pensamiento: lo amplifica con conciencia.

En el ámbito sanitario, encontramos numerosos casos de inmigrantes inteligentes. Profesionales con décadas de experiencia clínica, formados en la escucha y en el contacto humano, que ahora utilizan sistemas de IA para afinar diagnósticos, contrastar protocolos o revisar imágenes médicas con apoyo de machine learning. Lo hacen con una ventaja clave: **no pierden la mirada clínica**. La tecnología no sustituye su criterio, sino que lo refuerza. Siguen mirando a los ojos del paciente, reconociendo matices, haciendo preguntas que ningún algoritmo podría prever. Y eso los hace insustituibles.

Tabla resumen: Inmigrante digital vs. inmigrante inteligente

Aspecto	Inmigrante digital (clásico)	Inmigrante inteligente
Actitud frente a la IA	Desconfianza o rechazo	Curiosidad crítica y aprendizaje constante
Uso de la tecnología	Básico, utilitario	Estratégico y éticamente integrado
Autonomía intelectual	A veces limitada por inseguridad digital	Alta, con visión crítica e independencia de criterio
Valor diferencial	Experiencia técnica o profesional acumulada	Experiencia + adaptación inteligente a entornos nuevos
Ejemplo típico	Aprendizaje reactivo	Aprendizaje activo y contextualizado con criterio

En un mundo dominado por la aceleración tecnológica, los inmigrantes inteligentes son **los nuevos sabios**: no por lo que saben, sino por cómo saben adaptarse sin renunciar a lo esencial. Son la prueba de que la edad no es un límite para el pensamiento crítico, ni la tecnología un territorio exclusivo de los jóvenes.

LA COLABORACIÓN INTERGENERACIONAL
ENTRE INMIGRANTES Y NATIVOS INTELIGENTES

La inteligencia artificial no es patrimonio de una generación. Aunque los nativos inteligentes se muevan con soltura en los entornos tecnológicos, y los inmigrantes inteligentes hayan aprendido a integrar la IA en su vida con conciencia crítica, el verdadero salto cualitativo no vendrá de uno u otro grupo, sino del encuentro entre ambos.

La historia de la tecnología no es solo una cronología de avances: es también una narración de **herencias compartidas**. Y en este momento de inflexión, donde la IA empieza a intervenir en casi todas las decisiones humanas, la colaboración intergeneracional se convierte en una necesidad ética, cultural y educativa.

Los *nativos inteligentes* aportan velocidad, intuición tecnológica, capacidad de adaptación a entornos nuevos. No temen explorar. Comprenden los lenguajes de la interfaz, la lógica de las apps, la estética de lo inmediato. Pero muchas veces carecen de perspectiva histórica, de sentido estratégico o de una ética plenamente formada frente a las consecuencias del uso de la tecnología.

Por su parte, los *inmigrantes inteligentes* conservan el sentido de continuidad, la memoria de un mundo no automatizado, la conciencia del error, del límite, del esfuerzo sostenido. No buscan atajos, sino profundidad. No trabajan desde el impulso, sino desde el propósito. Han aprendido a integrar la IA con pausa y reflexión.

Juntos, ambos perfiles pueden dar lugar a una **inteligencia híbrida verdaderamente humana**. Una nueva cultura del pensamiento compartido: ágil, pero crítica; rápida, pero ética; flexible, pero firme.

Un caso paradigmático es el de los **programas de mentoría inversa** que han comenzado a implementarse en grandes empresas tecnológicas y financieras. En ellos, profesionales jóvenes —nativos digitales con dominio fluido de herramientas tecnológicas y nuevos lenguajes— enseñan a sus compañeros mayores a manejar plataformas, gestionar redes o interactuar con IA generativa. Pero la mentoría no es unilateral: los perfiles senior, a cambio, orientan a los más jóvenes en toma de decisiones estratégicas, cultura organizacional, gestión del tiempo y visión a largo plazo.

Según un estudio publicado en *Harvard Business Review* ("Why Reverse Mentoring Works", 2019), estas experiencias mejoran la cohesión interna, aumentan la productividad y reducen las brechas generacionales dentro de las organizaciones. Pero su mayor valor no es técnico, sino **cultural**: crean un lenguaje común donde cada generación enseña y aprende al mismo tiempo.

Tabla resumen: Aportes intergeneracionales a la IA

Dimensión	Nativo inteligente	Inmigrante inteligente
Relación con la tecnología	Intuitiva, fluida	Crítica, consciente
Estilo cognitivo	Rápido, conectado, multitarea	Reflexivo, profundo, estructurado
Aportes principales	Creatividad, agilidad, familiaridad con la IA	Experiencia, visión estratégica, juicio ético
Necesidades complementarias	Perspectiva, madurez, criterio	Actualización, agilidad técnica
Modelo ideal de colaboración	Enseñar desde la práctica, aprender desde la reflexión	Co-aprender desde la escucha y el respeto mutuo

La tecnología, por sí sola, no garantiza el progreso. Lo garantiza la manera en que las personas la usan. Y si queremos construir una sociedad realmente inteligente, será aquella que **combine la energía de los jóvenes con la sabiduría de los mayores**, en un diálogo continuo donde todos tengan algo que enseñar y algo que aprender.

PERSPECTIVA HUMANISTA Y ÉTICA FRENTE A LA INNOVACIÓN TECNOLÓGICA

En una época en la que los algoritmos recomiendan, deciden, filtran, predicen y hasta "conversan", el riesgo no es solo técnico: es **existencial**. La fascinación por la innovación puede conducir, si no se acompaña de una reflexión profunda, a una pérdida de sentido. En este contexto, los *inmigrantes inteligentes* representan algo más que una generación adaptada: son una **reserva ética**, una voz que recuerda que no todo lo que puede hacerse, debe hacerse.

Su valor añadido no es solo operativo, sino **moral**. Son quienes plantean las preguntas que los sistemas no pueden formular:

– ¿Para qué usamos la inteligencia artificial?
– ¿A quién beneficia?
– ¿A quién puede dañar?
– ¿Qué tareas no deberíamos delegar jamás en una máquina?

En una sociedad cada vez más automatizada, estas preguntas no son un lujo filosófico: son un requisito de supervivencia. Porque cada avance tecnológico desplaza límites, y cada delegación de juicio humano en una IA nos obliga a redefinir la frontera de lo humano.

El filósofo **Luciano Floridi**, en su obra *The Ethics of Information* (2013), propone la figura del **"hermeneuta digital"**: no un programador, ni un consumidor pasivo, sino un **intérprete crítico** de la tecnología. Alguien capaz de leer los códigos de la innovación a la luz de los valores, de los derechos y de la dignidad humana. Esa figura encarna, en muchos sentidos, el perfil del inmigrante inteligente.

Quien vivió en un mundo sin algoritmos sabe que el juicio humano es más lento, sí, pero también más empático. Sabe que la tecnología puede ser una aliada, pero nunca un sustituto del vínculo, del cuidado, de la responsabilidad. Por eso, el inmigrante inteligente tiene hoy una tarea crucial: **no frenar la innovación, sino orientarla**. No competir con la IA, sino proteger lo que la IA no puede reproducir: la conciencia, el valor, la compasión.

En la transición hacia una sociedad híbrida entre humanos y sistemas inteligentes, los inmigrantes inteligentes pueden —y deben— ejercer el rol de **guardianes del humanismo**. No desde la nostalgia, sino desde el compromiso con un futuro donde la técnica no eclipse a la ética.

Este nuevo tiempo necesita al humanista del siglo XXI, que sin aspirar a ser un héroe, si que debe tener el coraje de defender los valores de la dignidad, la libertad, la justicia y la bondad en un contexto tecnológico, asumiendo el costo del constante tráfico fronterizo entre lo digital y lo analógico. Debe contribuir desde dentro a la reordenación de su condición digital. Sólo las personas que sitúan al hombre en el centro del interés y desvelos de toda la Humanidad, y no a la tecnología y sus promesas, pueden enfrentarse con garantías a los riesgos de la digitalidad. Sólo se pueden abordar los límites de nuestra realidad desde el conocimiento antropológico de los mismos. Al nuevo humanista se le debe exigir la construcción de una nueva ética de la complejidad que conjugue la capacidad de separar y restringir con la habilidad de sintetizar y discriminar. Sobre todo, debe ser una ética de la humanidad para reafirmar la condición humana en territorios de frontera. La ética de la complejidad en el límite entre lo digital y lo analógico es la ética por desarrollar para definir la condición digital en términos humanos. Una ética individual de los límites digitales es necesaria pero insuficiente. Merecemos una empresa común en el que se respete la inviolabilidad de la dignidad humana.

El humanismo en la época digital debe proponer el derecho a que las personas no nos convirtamos en seres-datos, en los que los productos de la nueva revolución tecnológica de la Inteligencia Artificial seamos los hombres, cuando sólo debemos ser sus beneficiarios. No podemos convertirnos en las victimas de las plataformas digitales, y organizar nuestra vida en torno a los dispositivos electrónicos que procuran hacer de lo digital lo único real.

La idea fundamental de esta nueva ética de lo complejo en la época digital es la de que nosotros, cada uno de nosotros, somos los límites. Lo real es lo humano, no sólo la vertiente digital de su existencia, y por tanto, el humanismo en la época digital no es otra cosa que un cortafuegos antropológico al hombre sin alma que el transhumanismo tecnológico quiere engendrar.

Tabla resumen: Principios humanistas aplicados a la IA

Principio humanista	Aplicación frente a la IA
Finalidad ética	Toda herramienta debe responder a un propósito social justo
Centralidad humana	La IA debe complementar, no sustituir, la decisión humana
Responsabilidad personal	No delegar en la máquina lo que compromete la dignidad o la vida
Transparencia	Exigir que los algoritmos sean comprensibles y auditables
Justicia social	Evitar sesgos que refuercen desigualdades
Límite tecnológico	Reconocer lo que no debe automatizarse: el duelo, el juicio moral, el cuidado

En tiempos de algoritmos invisibles, la ética debe volverse visible. Y para eso, necesitamos más que programadores: necesitamos **intérpretes del sentido**. Los inmigrantes inteligentes pueden ser ese faro silencioso que, mientras todo avanza, se asegura de que nadie olvide por qué comenzamos a avanzar.

9. Hacia un futuro colaborativo y equitativo

1. CÓMO COMBINAR LO MEJOR DE AMBOS MUNDOS PARA EL BIEN COMÚN

El verdadero reto del siglo XXI no reside en la velocidad de los algoritmos ni en la complejidad de los modelos predictivos. El desafío esencial es humano: ¿seremos capaces de articular un modelo de convivencia y cooperación entre generaciones con capitales distintos pero complementarios?

Los **nativos inteligentes** dominan la interfaz, se mueven con fluidez en los sistemas automatizados y poseen una intuición casi orgánica de la tecnología. Pero muchas veces carecen de distancia crítica, de marco referencial y de memoria histórica. Por su parte, los **inmigrantes inteligentes** —aquellos que han atravesado el umbral digital desde la cultura analógica— ofrecen criterio, valores sedimentados y una comprensión del tiempo largo.

La clave está en evitar el enfrentamiento generacional. No se trata de que una generación sustituya a la otra, sino de que ambas colaboren activamente. Un modelo verdaderamente humanista de IA exige una **cooperación intergeneracional**, en la que:

- Los jóvenes aporten su creatividad tecnológica y su capacidad de adaptación.
- Los adultos aporten su prudencia ética, su experiencia profesional y su visión estructural.

Inspiración teórica: Yuval Noah Harari (2018) advierte que la IA nos enfrenta a una bifurcación: puede reforzar las desigualdades existentes o puede convertirse en palanca para una nueva ética colaborativa. La decisión es cultural, no tecnológica.

Propuesta práctica: Diseñar espacios de "mentoría inversa" y "coaprendizaje intergeneracional" en escuelas, empresas e instituciones públicas, donde ambas generaciones intercambien saberes de forma horizontal. Ejemplo: jóvenes enseñan a adultos competencias digitales; adultos ofrecen contexto crítico y juicio ético a los más jóvenes.

2. EL IMPACTO DE ESTA COLABORACIÓN EN LA SOCIEDAD Y EN LAS GENERACIONES FUTURAS

La cooperación intergeneracional tiene efectos multiplicadores. No solo mejora la relación entre generaciones, sino que redefine el tejido social y democratiza el acceso a la IA. Un futuro compartido entre nativos e inmigrantes inteligentes puede:

- **Democratizar el acceso al conocimiento**: eliminando barreras técnicas y culturales para el uso ético de la IA.
- **Reducir la brecha digital y social**: facilitando el acceso a herramientas tecnológicas en comunidades vulnerables.
- **Reforzar valores éticos**: como la empatía, la escucha activa y la responsabilidad compartida.
- **Promover una ciudadanía digital crítica**: capaz de cuestionar, regular y redirigir el uso de la IA cuando sea necesario.
- **Preservar la dignidad humana**: en entornos cada vez más automatizados, donde las decisiones técnicas no deben sustituir el juicio ético.

Ejemplo real: La iniciativa **AI for Good** (ONU) reúne a jóvenes programadores, filósofos, educadores, instituciones científicas y ONGs para desarrollar soluciones tecnológicas a problemas sociales como el cambio climático, la pobreza o la desigualdad en el acceso a salud y educación.

Impacto a largo plazo: Una generación educada en colaboración y justicia no solo heredará sistemas más potentes, sino también una cultura del uso responsable de la tecnología. La IA del mañana no será la más inteligente, sino la más humana.

3. CONSTRUCCIÓN DE UN MARCO ÉTICO Y LEGAL EN LA ERA DE LA IA

La inteligencia artificial plantea dilemas que ninguna sociedad puede resolver solo desde la técnica. Necesita estructura, límite, sentido. Por eso es fundamental construir **un marco ético y legal robusto** que acompañe el desarrollo tecnológico y lo someta a criterios democráticos y de justicia social.

Este marco debe partir de una premisa central: **la tecnología no es neutral**. Todo algoritmo refleja valores, intenciones y prioridades. Regular la IA es, por tanto, regular el futuro.

Ejes fundamentales de este marco:

Principio	Finalidad
Transparencia y rendición de cuentas	Saber cómo y por qué decide un sistema automatizado
Supervisión humana significativa	Toda decisión crítica debe poder ser revisada por personas
Protección de la privacidad	Garantizar el control del individuo sobre sus datos personales
No discriminación algorítmica	Evitar sesgos que perpetúen desigualdades estructurales
Control democrático	Implicar a la ciudadanía en la regulación y auditoría de la IA
Inclusividad y diversidad	Que la IA respete las identidades culturales, lingüísticas y sociales

Marco legal clave: La **Ley de Inteligencia Artificial de la Unión Europea (2024)** establece una categorización por niveles de riesgo (mínimo, limitado, alto y prohibido), incorpora el derecho a explicación en decisiones automatizadas y exige criterios éticos desde el diseño (*ethics by design*). ArtificialIntelligenceAct.eu

Apoyo institucional: El **Comité de Bioética de España (2022)** defiende una IA al servicio de la equidad generacional, la justicia distributiva y la autonomía individual.

Este marco no es un freno al progreso. Es una condición para que el progreso sea justo. Sin límites, la IA puede convertirse en herramienta de control; con normas éticas claras, puede ser la mayor aliada del bienestar colectivo.

10. Retos y oportunidades para los nativos inteligentes

1. LA IMPORTANCIA DE LA ADAPTACIÓN Y EL APRENDIZAJE CONTINUO

La característica más decisiva de los nativos inteligentes no es haber nacido rodeados de pantallas, sino su capacidad para **aprender de forma continua, rápida y flexible**. En un mundo donde la obsolescencia del conocimiento técnico es casi mensual, la clave no es "saber mucho", sino "aprender siempre".

Hoy, la inteligencia no se mide solo por el número de datos que una persona es capaz de almacenar, sino por su capacidad para adaptarse, integrar nuevas herramientas, analizar contextos cambiantes y cuestionar sus propias certezas.

El **Foro Económico Mundial** sitúa el *aprendizaje activo y continuo* como una de las tres competencias más importantes para los empleos del futuro.

Competencias clave para los nativos inteligentes:

- **Aprender a aprender:** no depender de conocimientos estáticos, sino de procesos dinámicos de descubrimiento.
- **Pensamiento crítico:** capacidad para filtrar, evaluar y contrastar información, incluso cuando proviene de una IA.
- **Curiosidad estructurada:** no solo acumular datos, sino organizar preguntas relevantes.
- **Gestión del cambio:** saber moverse en contextos inciertos sin paralizarse.
- **Creatividad aplicada:** conectar ideas, disciplinas y tecnologías para resolver problemas reales.

Ejemplo práctico: Plataformas como Coursera, Khan Academy o edX permiten a cualquier persona aprender nuevas habilidades en semanas. Un joven que combina programación, filosofía y biología puede liderar soluciones que antes requerían tres carreras universitarias.

2. LOS RETOS Y OPORTUNIDADES PARA LOS "NATIVOS INTELI-GENTES" Y LOS "INMIGRANTES INTELIGENTES"

Retos compartidos:

La inteligencia artificial ha inaugurado un territorio nuevo, lleno de promesas y peligros. Ese territorio será habitable solo si aprendemos a navegarlo juntos: nativos e inmigrantes inteligentes, jóvenes con intuición digital y adultos con perspectiva histórica.

Retos compartidos:

- **Sobrecarga informativa:** distinguir calidad frente a cantidad.
- **Dependencia tecnológica:** evitar la pérdida de autonomía y pensamiento propio.
- **Desigualdad digital:** combatir la brecha entre quienes acceden a la IA y quienes quedan fuera.
- **Vulnerabilidad emocional:** frenar el deterioro psicológico derivado de la hiperconexión.

Oportunidades compartidas:

- **Co-creación del conocimiento:** promover espacios donde aprender sea una experiencia compartida y expandida.
- **Innovación social:** aplicar tecnología a problemas reales (educación, pobreza, salud mental, cambio climático).
- **Salud personalizada y preventiva:** usar la IA para prevenir, no solo para curar.
- **Empoderamiento cívico:** desarrollar nuevas formas de participación democrática basada en datos y transparencia.

Ejemplo inspirador: **Estonia** ha creado un modelo pionero de sociedad digital, donde la IA se integra en servicios públicos como la sanidad o la justicia. Lo más relevante es que lo ha hecho acompañado de **programas de alfabetización digital y ética** dirigidos a toda la población: desde niños hasta personas mayores.

Matriz de retos y oportunidades intergeneracionales:

Dimensión	Retos compartidos	Oportunidades comunes
Cognitiva	Infoxicación, dispersión atencional	Pensamiento híbrido, aprendizaje continuo
Emocional	Ansiedad, dependencia de validación digital	Inteligencia emocional aumentada por conciencia de límites
Ética	Falta de marco crítico frente a la IA	Liderazgo ético y normativo desde la ciudadanía
Social	Aislamiento generacional, burbujas digitales	Co-creación, mentoría cruzada, diálogo intergeneracional
Política/ derechos	Desconocimiento de sus propios derechos digitales	Ciudadanía algorítmica activa

2. HACIA UNA CONVIVENCIA ARMONIOSA Y SOSTENIBLE CON LA IA

La relación con la inteligencia artificial no debe basarse en la fascinación ni en el miedo, sino en la corresponsabilidad. La IA no es un fin en sí misma, sino un medio: una herramienta para que los seres humanos vivamos mejor, más libres, más conectados y más conscientes.

Para ello, los nativos inteligentes deben asumir un rol activo: ser usuarios críticos, ciudadanos responsables y creadores éticos. Y los inmigrantes inteligentes, guías que ayuden a mantener el rumbo, recordando que ninguna máquina puede reemplazar el valor de una vida bien vivida.

Convivir con la IA de forma armoniosa implica tres principios clave:

La relación entre humanos y sistemas inteligentes no debe estar marcada por la fascinación ni por el miedo, sino por la **corresponsabilidad**. La IA no es el problema ni la solución: es una herramienta. Y como toda herramienta, puede liberar o someter, puede construir puentes o alzar fronteras.

Una **convivencia ética y sostenible** con la IA exige que:

- **Los nativos inteligentes** asuman el rol de usuarios críticos, ciudadanos responsables y creadores conscientes.
- **Los inmigrantes inteligentes** actúen como guías que recuerdan que la tecnología no es neutra y que el juicio moral no se automatiza.

TRES PRINCIPIOS CLAVE
PARA UNA RELACIÓN SANA CON LA IA:

1. **Simbiosis:** la tecnología debe ampliar nuestras capacidades humanas, no sustituirlas.
2. **Sostenibilidad:** la IA debe orientarse al bienestar común, evitando modelos que degraden la salud mental, los vínculos sociales o el medioambiente.
3. **Sentido:** no basta con que algo funcione o sea rentable. Debe tener sentido humano, cultural, ético.

Los nativos inteligentes no son espectadores del futuro: son los **constructores activos de una nueva cultura humana-IA**. A ellos les corresponde transformar la velocidad en sabiduría, la conectividad en comunidad, y los datos en decisiones con alma.

La inteligencia artificial nos obliga a repensarlo todo, pero el humanismo será lo que nos permita **seguir siendo alguien** en medio de tantos sistemas que saben hacer cosas.

Como decía Norbert Wiener, padre de la cibernética: "El gran desafío de nuestra época no es crear máquinas que piensen, sino personas que no dejen de pensar."

Matriz de Competencias Clave vs. Desafíos Críticos

Desafíos	Aprender a aprender	Pensamiento crítico	Gestión del cambio	Ética digital	Creatividad aplicada
1. Sobrecarga informativa	✓	✓			
2. Dependencia tecnológica		✓	✓	✓	
3. Desigualdad digital	✓			✓	
4. Vulnerabilidad emocional		✓	✓		✓
5. Automatización sin supervisión		✓		✓	
6. Fragmentación de la identidad		✓		✓	
7. Innovación social responsable	✓	✓	✓	✓	✓

11. Resumen de capítulos y líneas futuras de investigación

1. INTRODUCCIÓN: LA NUEVA GENERACIÓN DE "NATIVOS INTELIGENTES".

Este capítulo introduce el concepto de *nativos inteligentes* como evolución del término "nativos digitales" acuñado por Marc Prensky. Mientras los nativos digitales crecieron usando internet, redes sociales y dispositivos móviles, los nativos inteligentes se forman en un ecosistema dominado por la inteligencia artificial, que no solo responde a sus demandas sino que las anticipa.

Se analiza cómo esta generación se relaciona con la IA en ámbitos como la educación, el entretenimiento, la comunicación y el trabajo, y se examinan las implicaciones éticas y cognitivas de esta nueva forma de vivir. La IA se convierte en parte integral de su entorno, lo que redefine su forma de aprender, pensar y decidir.

El capítulo también plantea los riesgos asociados a esta hiperpersonalización y dependencia de los algoritmos, como la posible pérdida de pensamiento crítico, la dificultad para construir una identidad autónoma y la necesidad urgente de nuevos derechos digitales. Para comprender su evolución, se propone el modelo de la Pirámide de Autonomía, que ubica al nativo inteligente crítico en la cima de un proceso de madurez digital.

Finalmente, se introduce el concepto de *inmigrante inteligente*: el adulto que no nació en este entorno, pero que ha sabido integrarse en él con ética, reflexión y responsabilidad, aportando experiencia, límites y una visión humanista en el diálogo con la innovación.

Líneas de investigación futura:

1. Desarrollo de pensamiento crítico en nativos inteligentes Investigar cómo fomentar habilidades de análisis independiente en estudiantes que crecen en entornos altamente automatizados, evaluando el impacto de la IA en su autonomía cognitiva.
2. Derechos digitales emergentes para generaciones conectadas a la IA. Analizar qué marcos éticos y legales deben definirse para proteger la privacidad, el derecho a la supervisión humana y la transparencia algorítmica en la vida cotidiana de los nativos inteligentes.
3. Modelos educativos híbridos para la convivencia entre nativos e inmigrantes inteligentes. Diseñar estrategias pedagógicas que promuevan la colaboración intergeneracional, integrando la intuición digital de los jóvenes con la experiencia crítica de los adultos.

2. LOS "NATIVOS INTELIGENTES" EN UN MUNDO DE IA OMNIPRESENTE.

Este capítulo explora cómo los *nativos inteligentes* viven inmersos en un ecosistema tecnológico en el que la inteligencia artificial está presente en casi todas sus decisiones cotidianas. Desde el uso educativo de plataformas como ChatGPT o Duolingo, hasta la interacción con asistentes virtuales, aplicaciones de movilidad o motores de recomendación, esta generación no solo consume tecnología, sino que habita en ella.

Se analizan datos recientes sobre el uso masivo de IA en educación, destacando el protagonismo de los estudiantes españoles y la adopción creciente de herramientas generativas. Asimismo, se describe cómo los algoritmos modelan hábitos, preferencias y elecciones, desde el entretenimiento hasta la salud, planteando ventajas evidentes en términos de personalización y eficiencia.

Sin embargo, el capítulo también alerta sobre la creciente **dependencia** de los sistemas inteligentes en la toma de decisiones, especialmente en ámbitos sensibles como el acceso a servicios financieros o sanitarios. Se subraya el riesgo de opacidad algorítmica, manipulación ideológica, sesgos automatizados y pérdida de autonomía.

Como herramienta crítica, se propone una **matriz 2×2 de riesgo-beneficio** en la delegación de decisiones a la IA, que permite valorar cuándo su uso es oportuno y cuándo puede suponer una amenaza ética o social. El capítulo concluye apelando a la necesidad de formar ciudadanos digitales con pensamiento crítico y conocimiento técnico suficiente para habitar un mundo donde la IA no solo acompaña, sino que influye y dirige.

Líneas de investigación futura:

1. **Diseño de marcos educativos para el discernimiento algorítmico en jóvenes.** Explorar metodologías pedagógicas que enseñen a los estudiantes a distinguir entre decisiones automatizadas beneficiosas y aquellas que comprometen su autonomía o replican sesgos estructurales.
2. **Evaluación ética de sistemas de IA en contextos sensibles**. Desarrollar modelos de evaluación para determinar el impacto de algoritmos en decisiones de alta carga ética (salud, justicia, economía), con foco en transparencia, explicabilidad y supervisión humana.
3. **Análisis longitudinal de la dependencia cognitiva en nativos inteligentes.** Investigar cómo el uso continuado de sistemas de recomendación y predicción afecta a la capacidad crítica, el juicio independiente y la formación de la identidad en adolescentes y jóvenes adultos.

3. EVOLUCIÓN EN EL PROCESAMIENTO DE LA INFORMACIÓN.

Este capítulo analiza cómo ha cambiado el modo en que los seres humanos procesan la información a lo largo de la historia, desde la oralidad hasta la actual era digital marcada por la inteligencia artificial. Se muestra cómo la estructura del pensamiento ha pasado de ser secuencial, profunda y basada en la atención sostenida, a fragmentada, rápida y multitarea, como reflejo del entorno digital en el que viven los *nativos inteligentes*.

Se propone una evolución cognitiva que abarca cuatro etapas: la sociedad oral, la sociedad escrita, la cultura de la imprenta y la era digital. En esta última, los algoritmos sustituyen a los expertos como fuentes de autoridad, el lenguaje se vuelve visual e icónico, y la memoria se externaliza en dispositivos y servidores.

La figura del *nativo inteligente* se distingue del antiguo *nativo digital* en que no solo sabe usar la tecnología, sino que comprende cómo funciona, detecta sus sesgos y limita su influencia cuando es necesario. A través del ejemplo de Miguel y Claudia, se contraponen los perfiles de quien simplemente consume tecnología frente a quien interactúa con ella críticamente.

El capítulo finaliza destacando el impacto profundo que esta evolución tiene en la educación. Plantea la necesidad de pasar de modelos instructivos centrados en la memorización a enfoques formativos que integren la IA con sentido ético, conocimiento algorítmico y pensamiento autónomo. Casos como el de una escuela en Helsinki demuestran que es posible un modelo educativo donde tecnología y conciencia crítica coexisten.

Líneas de investigación futura:

1. **Estudios comparativos sobre el impacto cognitivo de la hiperfragmentación digital**. Investigar cómo la exposición constante a estímulos múltiples afecta la capacidad de concentración, memoria a largo plazo y pensamiento abstracto en jóvenes acostumbrados a entornos digitales interactivos.

2. **Diseño de currículos educativos para formar nativos inteligentes críticos**. Explorar modelos pedagógicos que integren enseñanza sobre IA, ética tecnológica y alfabetización algorítmica desde edades tempranas, adaptando el contenido a las nuevas formas de procesamiento mental.

3. **Evaluación de la interacción crítica con la IA en contextos educativos reales**. Analizar experiencias escolares que combinan tecnología y reflexión ética, como la integración de sistemas de IA con formación sobre privacidad y sesgos, para valorar su eficacia en el desarrollo del juicio autónomo.

4. EDUCACIÓN Y APRENDIZAJE ACELERADO EN LA ERA DE LA IA.

Este capítulo analiza cómo la inteligencia artificial está transformando profundamente la forma en que aprendemos, enseñamos y evaluamos. Frente al modelo tradicional de aprendizaje lineal, memorístico y uniforme, emerge un nuevo paradigma educativo adaptativo, flexible y personalizado, que se ajusta al ritmo, estilo y necesidades de cada estudiante.

Se exploran herramientas como *Khanmigo* o *Duolingo*, que mediante IA ofrecen contenidos personalizados y respuestas inmediatas, mejorando la motivación, la autonomía y la eficiencia del proceso educativo. Desde la neurociencia, se respalda esta evolución con evidencias sobre la neuroplasticidad y el impacto positivo de los entornos digitales ajustados al estímulo individual.

Sin embargo, también se examinan los riesgos de esta transformación: la dependencia excesiva de algoritmos, la posible deshumanización del aula, la reproducción de sesgos sociales y la pérdida de transparencia en los procesos de enseñanza. Se plantea que la IA no debe sustituir al docente ni al juicio humano, sino actuar como un complemento estratégico.

El capítulo también alerta sobre cómo la comodidad tecnológica puede debilitar habilidades críticas como la inferencia, la argumentación o la reflexión. Se enfatiza la importancia de una alfabetización de segundo orden, que enseñe no solo a usar tecnología, sino a comprender su funcionamiento, evaluar sus límites y tomar decisiones informadas en su presencia.

Las siete lecciones finales sintetizan esta transición: desde el fin del aprendizaje lineal hasta nuevas formas de evaluación, pasando por el diseño de aulas como entornos de simulación, la atención inmediata, y la necesidad de evaluar con IA en lugar de contra ella. La educación del futuro no será solo digital: será crítica, creativa y consciente.

Líneas de investigación futura:

1. Impacto neuroeducativo del aprendizaje personalizado por IA. Investigar cómo influyen los sistemas adaptativos en la reorganización neuronal y en el desarrollo de funciones ejecutivas clave

como la atención sostenida, la memoria de trabajo y el pensamiento abstracto.

2. Diseño ético de entornos educativos algorítmicos. Desarrollar marcos de evaluación y diseño para garantizar que los sistemas de IA aplicados a la educación sean transparentes, justos y auditables, con especial atención a su impacto en la equidad educativa.

3. Modelos de alfabetización digital crítica en contextos escolares. Explorar estrategias pedagógicas para formar estudiantes capaces de interactuar con sistemas inteligentes sin perder agencia, incluyendo el entrenamiento en detección de sesgos, verificación de fuentes y comprensión del funcionamiento algorítmico.

5. HABILIDADES TECNOLÓGICAS Y AUTONOMÍA.

Este capítulo aborda el vínculo entre el desarrollo de habilidades tecnológicas y el mantenimiento de la autonomía personal en un entorno dominado por la inteligencia artificial. Se expone cómo los *nativos inteligentes* no solo emplean herramientas basadas en IA, sino que comienzan a integrarlas como una **extensión estratégica de su pensamiento**, convirtiéndose en co-creadores de contenidos, ideas y soluciones.

El uso de IA ya no es solo técnico, sino cognitivo. Saber cuándo, cómo y para qué usarla se ha convertido en una nueva forma de alfabetización avanzada. Plataformas como ChatGPT, Copilot o Gemini amplifican las capacidades del usuario, pero no deben suplantarlas. La clave es gestionar la interacción con criterio y sentido, fomentando una autonomía aumentada.

Sin embargo, el capítulo alerta sobre el **riesgo de una dependencia excesiva**, que puede atrofiar habilidades fundamentales como el pensamiento crítico, la generación de ideas propias o la toma de decisiones en contextos complejos. La pasividad cognitiva y la externalización sistemática del pensamiento son algunas de las amenazas más relevantes en este nuevo escenario formativo.

El texto plantea que **la verdadera autonomía** implica también saber cuándo no usar la IA. Esto cobra especial importancia en ámbitos sensibles como la medicina, el derecho o la ética aplicada, donde delegar en un sistema automatizado puede comprometer la responsabilidad moral y el juicio humano.

Frente a ello, el capítulo propone cultivar una **inteligencia estratégica**: la que decide cuándo delegar y cuándo asumir la responsabilidad de decidir sin ayuda, incluso a riesgo de equivocarse. Saber detenerse, pensar por cuenta propia y asumir el error se redefine como una forma superior de libertad.

Líneas de investigación futura:

1. **Evaluación del impacto de la IA en la autonomía cognitiva de estudiantes**. Investigar cómo varía la capacidad de pensamiento independiente y resolución autónoma de problemas entre estudiantes que usan IA regularmente y aquellos que no, en distintos niveles educativos.
2. **Diseño de programas educativos sobre la toma de decisiones críticas en la era algorítmica**. Desarrollar y medir la efectividad de propuestas pedagógicas que entrenen a los jóvenes en el juicio moral, el análisis ético y la gestión del error sin recurrir a IA como mediadora automática.
3. **Análisis comparativo de decisiones humanas vs. decisiones automatizadas en sectores sensibles**. Estudiar las diferencias cualitativas y éticas entre decisiones tomadas por humanos y decisiones sugeridas por IA en contextos como salud, justicia y educación, identificando dónde debe trazarse el límite de la delegación tecnológica.

6. IDENTIDAD Y PRIVACIDAD EN LA GENERACIÓN DE LOS "NATIVOS INTELIGENTES".

En este capítulo se ha analizado cómo los algoritmos y la personalización digital moldean la identidad de los nativos inteligentes desde edades tempranas. A través de plataformas como TikTok, Instagram o Spotify, la configuración algorítmica determina qué ven, qué consumen y, en parte, quiénes creen ser. Este proceso no es neutro: los algoritmos amplifican sesgos, refuerzan identidades fragmentadas y condicionan la validación social.

Asimismo, la personalización digital, aunque eficiente, puede erosionar la autenticidad del yo al eliminar la espontaneidad y la exposición a lo inesperado. Por otro lado, se ha explorado la tensión creciente entre la confianza casi absoluta en la tecnología y la pérdida progresiva de la privacidad personal. A pesar de ello, comienza a emerger una conciencia crítica sobre los derechos digitales, con nuevas generaciones que exigen transparencia y autonomía frente al poder algorítmico.

Líneas de investigación futura:

1. **Cartografía de las identidades digitales:** Investigar cómo varía la autoimagen de un mismo individuo en diferentes plataformas (TikTok, LinkedIn, Twitch, etc.) y cómo estas identidades se influyen mutuamente o colisionan.

2. **Algoritmos y desigualdad estructural:** Estudiar hasta qué punto los sesgos algorítmicos reproducen y refuerzan desigualdades de género, raza o clase, especialmente en contextos como la educación, el empleo o la salud.

3. **Nuevas formas de educación en privacidad digital:** Diseñar y evaluar programas educativos para adolescentes que integren el pensamiento crítico sobre la personalización, la vigilancia y los derechos digitales, fomentando una ciudadanía tecnológica activa.

7. ÉTICA Y DERECHOS EN LA INTERACCIÓN CON LA IA.

Este capítulo aborda la urgencia de una ética aplicada a la inteligencia artificial que acompañe a los nativos inteligentes en su convivencia diaria con sistemas automatizados. A medida que la IA interviene en decisiones críticas en salud, educación, seguridad o justicia, se hace imprescindible que esta nueva generación desarrolle competencias éticas que les permitan discernir los límites de lo tecnológico y exigir responsabilidad humana en los procesos algorítmicos.

El texto expone tres núcleos fundamentales: la necesidad de una ética centrada en el ser humano, el derecho a conocer y entender los algoritmos que les afectan, y la defensa activa de los derechos digitales fundamentales —como la privacidad, la supervisión humana significativa, el derecho a la desconexión o el derecho a no ser evaluados únicamente por una máquina.

Además, se incorpora un análisis detallado de los derechos del paciente ante sistemas de IA en el ámbito sanitario, de acuerdo con el

RGPD, subrayando la importancia de garantizar el acceso, la rectificación, la portabilidad y la limitación del tratamiento de los datos personales, especialmente cuando afectan directamente al bienestar y la dignidad del individuo.

Líneas de investigación futura:

1. **Evaluación ética de decisiones automatizadas en sanidad y educación pública.** Explorar cómo las decisiones algorítmicas están siendo implementadas en sectores sensibles y de qué forma afectan a la equidad, transparencia y autonomía del ciudadano. Se requiere investigación aplicada sobre modelos de supervisión humana efectiva.

2. **Diseño de sistemas explicables para adolescentes y ciudadanos no expertos.** Investigar metodologías para que los sistemas de IA ofrezcan explicaciones comprensibles y útiles para usuarios sin conocimientos técnicos, especialmente jóvenes. Esto incluye visualizaciones, analogías narrativas y alertas de sesgo.

3. **Cartografía normativa comparada sobre derechos digitales en menores.** Analizar las diferencias legislativas entre países en cuanto a protección de la privacidad, derecho al olvido y consentimiento digital de menores. El objetivo es contribuir a una armonización legal internacional que reconozca la vulnerabilidad digital de los nativos inteligentes.

8. EL ROL DE LOS "INMIGRANTES INTELIGENTES".

Este capítulo presenta al *inmigrante inteligente* como figura clave en el nuevo ecosistema tecnológico. Más allá del concepto de "inmigrante digital" acuñado por Prensky, el inmigrante inteligente no solo se ha adaptado a la tecnología, sino que ha aprendido a integrarla con **criterio ético, experiencia acumulada y pensamiento crítico.**

Se analizan sus fortalezas: autonomía intelectual, visión de conjunto, resistencia a la inmediatez y capacidad para poner en perspectiva los avances tecnológicos. En contraste con los nativos inteligentes, su aportación no es la agilidad técnica, sino la **conciencia del límite y del valor humano.**

El capítulo también defiende la colaboración intergeneracional como vía para una inteligencia verdaderamente compartida. Se muestra cómo la conjunción de intuición tecnológica juvenil y juicio ético senior puede generar una cultura del aprendizaje recíproco. Casos como la mentoría inversa en empresas demuestran el potencial de esta alianza.

En su parte final, el texto profundiza en la **función ética del inmigrante inteligente** como "hermeneuta digital", inspirado en el pensamiento de Floridi. Esta figura encarna la defensa del humanismo frente al riesgo de deshumanización algorítmica. Se propone una **ética de la complejidad** para habitar los límites entre lo analógico y lo digital, donde la dignidad, la justicia y la libertad sean innegociables.

La tesis final del capítulo es clara: en la era de la inteligencia artificial, **la verdadera innovación no es técnica, sino moral**, y pasa por recordar que lo real es lo humano. Frente al avance de un transhumanismo que vacía al hombre de alma, el humanismo digital se erige como un cortafuegos de sentido.

Líneas de investigación futura:

1. **Perfil y competencias del "hermeneuta digital" en organizaciones y educación.** Investigar qué habilidades, valores y conocimientos definen a los intérpretes críticos de tecnología en contextos formativos, profesionales y sociales, y cómo pueden integrarse en políticas de innovación con valores.
2. **Evaluación del impacto de la mentoría intergeneracional en la cultura tecnológica de las organizaciones.** Estudiar cómo los modelos de colaboración entre nativos e inmigrantes inteligentes modifican la cultura institucional, mejoran la toma de decisiones y contribuyen a un uso ético de la IA.
3. **Marco ético transdisciplinar para el diseño de políticas públicas ante la automatización.** Desarrollar un modelo de ética de la complejidad aplicable a la regulación de IA en sectores clave (educación, salud, justicia), integrando antropología, filosofía, tecnología y derechos humanos.

9. HACIA UN FUTURO COLABORATIVO Y EQUITATIVO.

Este capítulo plantea una visión esperanzadora y realista: el futuro de la inteligencia artificial no debe ser concebido como una carrera de supremacía técnica, sino como un proyecto de colaboración humana. Frente al riesgo de fragmentación generacional, se propone un modelo de cooperación entre *nativos inteligentes* e *inmigrantes inteligentes*, en el que cada grupo aporta habilidades distintas pero complementarias.

Los jóvenes, con su fluidez digital, y los adultos, con su sentido histórico y ético, pueden construir juntos un modelo de sociedad donde la IA esté al servicio del bien común. Esta alianza intergeneracional puede impulsar la democratización del conocimiento, reducir brechas sociales y fortalecer una ciudadanía digital crítica y empática.

Finalmente, se subraya la necesidad de consolidar un marco ético y legal sólido que garantice los derechos fundamentales en la era de la automatización. Este marco, liderado por iniciativas como la Ley Europea de IA y los pronunciamientos del Comité de Bioética de España, debe orientar la innovación hacia una IA más transparente, inclusiva y humanamente significativa.

Líneas de investigación futura:

1. **Diseño de programas de mentoría intergeneracional para el uso ético de la IA**. Analizar cómo construir entornos de aprendizaje colaborativo entre generaciones para integrar habilidades tecnológicas, pensamiento crítico y memoria cultural en la formación digital.

2. **Evaluación del impacto social de las iniciativas de IA para el bien común**. Investigar cómo los proyectos de IA orientados a resolver problemas sociales (como AI for Good) están contribuyendo de forma concreta a la equidad, inclusión y participación ciudadana.

3. **Análisis comparado de marcos éticos y legales en IA a nivel global**. Estudiar cómo diferentes regiones del mundo están regulando la IA, con especial atención a los derechos de transparencia, supervisión humana y justicia algorítmica, para proponer estándares comunes.

10. RETOS Y OPORTUNIDADES PARA LOS NATIVOS INTELIGENTES.

Este capítulo final ofrece una mirada integradora sobre el papel que los nativos inteligentes están llamados a desempeñar en la era de la inteligencia artificial. Frente a un mundo en constante cambio, marcado por la automatización, la hiperconectividad y el flujo incesante de información, su principal fortaleza será la capacidad de adaptación y aprendizaje continuo.

Se analizan los principales retos que esta generación enfrenta: desde la sobrecarga informativa hasta la fragilidad identitaria, pasando por la dependencia tecnológica o la desigualdad digital. Pero también se señalan sus oportunidades históricas: liderar una ética algorítmica global, aplicar la IA al bien común y construir una convivencia tecnológica basada en la simbiosis, la sostenibilidad y el sentido.

Además, se reivindica la alianza entre nativos e inmigrantes inteligentes como clave para una sociedad más justa, crítica y colaborativa, cerrando el libro con una defensa de la corresponsabilidad intergeneracional ante los desafíos del presente.

Líneas de investigación futura:

1. **Estudios longitudinales sobre identidad y salud mental en nativos inteligentes**. Investigar cómo afecta la hiperpersonalización algorítmica al desarrollo psicológico, la autoimagen y el bienestar emocional de adolescentes y jóvenes en distintas culturas.
2. **Modelos pedagógicos de mentoría cruzada entre generaciones digitales**. Desarrollar y evaluar programas educativos donde jóvenes y adultos compartan conocimientos tecnológicos, éticos y sociales en entornos colaborativos y no jerárquicos.
3. **Indicadores de sostenibilidad en la relación humano-IA**. Crear métricas que midan la calidad de la convivencia con la IA: no solo eficiencia, sino impacto emocional, ecológico, social y ético de los sistemas automatizados en nuestras vidas cotidianas.

12. Declaración Málaga sobre "Nativos inteligentes humanistas"

Málaga, ciudad abierta al mar y al pensamiento, ha sido históricamente cruce de caminos y de culturas, punto de encuentro entre oriente y occidente, entre tradición y vanguardia. Desde sus raíces fenicias hasta su presente como polo tecnológico europeo, ha sabido conjugar la belleza del pasado con la potencia del futuro. En esta ciudad convergen la filosofía y la innovación, la poesía y el dato, la inteligencia humana y la inteligencia artificial.

Es aquí, donde se encuentran la Historia y la tecnología, donde nace esta declaración. No como un cierre de libro, sino como un compromiso generacional. Una hoja de ruta ética para orientar un tiempo nuevo. Porque quienes han nacido dentro del ecosistema digital no solo dominan los lenguajes de la inteligencia artificial: están llamados a **convertirse en los nuevos humanistas del siglo XXI**.

Los nativos inteligentes no son solo el producto de una nueva era: son los protagonistas de su transformación. Pero su inteligencia será incompleta si no está al servicio de lo humano. No serán solo usuarios o expertos. Serán los **intérpretes críticos de la era algorítmica**, capaces de pensar con las máquinas sin dejar de pensar por sí mismos. Capaces de transformar la tecnología en herramienta de justicia, no en frontera de desigualdad. Su misión será la más antigua y la más urgente: **salvaguardar lo humano en medio de lo automatizado**.

Por eso, desde Málaga, proponemos este decálogo como fundamento de una nueva educación, una nueva ciudadanía y una nueva ética:

1. **Respetar** y reconocer la singularidad histórica de los nativos inteligentes como primera generación educada en entornos donde la inteligencia artificial modela la realidad, anticipa decisiones y redefine los modos de pensar, aprender y vivir.

2. **Habitar en** el entorno digital-inteligente con conciencia crítica, sin renunciar a la autonomía ni delegar el juicio humano en algoritmos que no comprenden el contexto ni el sentido moral de nuestras decisiones.

3. **Alfabetizar a la sociedad** en la lógica de los sistemas inteligentes, comprendiendo su funcionamiento, sus límites, sus sesgos y su impacto, para no ser solo usuarios sino intérpretes del nuevo tiempo.

4. **Educar** para un pensamiento profundo en tiempos de velocidad, promoviendo una cultura del análisis, del matiz, del contraste y del esfuerzo intelectual frente a la inmediatez y la sobreinformación.

5. **Emplear** la inteligencia artificial como una extensión del pensamiento, no como sustituto de la inteligencia humana, manteniendo siempre el control, la revisión y la responsabilidad sobre sus resultados.

6. **Proteger** la identidad, la privacidad y la dignidad de las personas ante la extracción de datos y la vigilancia automatizada, exigiendo transparencia y control humano en todos los sistemas que nos afectan.

7. **Desarrollar** una ética de la inteligencia artificial centrada en la equidad, la explicabilidad, la justicia y el derecho a no ser reducidos a perfiles, patrones o predicciones.

8. **Escuchar** la experiencia de los inmigrantes inteligentes como memoria viva de la cultura analógica, fuente de prudencia, sentido histórico y límite moral ante el entusiasmo ciego por la automatización.

9. **Construir** una cultura intergeneracional que combine la creatividad de los jóvenes con la sabiduría de los mayores, y que sitúe el bien común por encima de la eficiencia o la rentabilidad tecnológica.

10. **Contribuir** a que los nativos inteligentes encarnen el humanismo del siglo XXI.

Málaga Declaration on "Humanist Intelligent Natives"

Málaga, a city open to the sea and to thought, has historically been a crossroads of cultures—a meeting point between East and West, tradition and avant-garde. From its Phoenician roots to its present role as a European tech hub, it has learned to combine the beauty of the past with the power of the future. In this city, philosophy and innovation converge, as do poetry and data, human intelligence and artificial intelligence.

It is here—where history and technology meet—that this declaration is born. Not as the conclusion of a book, but as a generational commitment. An ethical roadmap to guide a new era. For those born within the digital ecosystem are not merely fluent in the languages of artificial intelligence; they are called to become the new humanists of the 21st century.

Intelligent natives are not simply products of a new age; they are the protagonists of its transformation. But their intelligence will remain incomplete unless it is placed at the service of humanity. They will not be mere users or specialists. They will be critical interpreters of the algorithmic era, capable of thinking *with* machines without ceasing to think *for* themselves. Capable of transforming technology into a tool for justice, not a frontier of inequality. Their mission will be the oldest and most urgent one: to safeguard the human in the midst of automation.

That is why, from Málaga, we propose this decalogue as the foundation for a new education, a new citizenship, and a new ethics:

1. **To respect and recognize** the historical uniqueness of intelligent natives as the first generation educated in environments where artificial intelligence shapes reality, anticipates decisions, and redefines how we think, learn, and live.

2. **To inhabit** the intelligent-digital environment with critical awareness, without surrendering autonomy or delegating human judgment to algorithms that lack moral context and understanding.

3. **To promote literacy** in the logic of intelligent systems—understanding how they function, their limits, biases, and impact—so that we become not just users, but interpreters of this new era.

4. **To educate for deep thinking** in an age of speed, fostering a culture of analysis, nuance, contrast, and intellectual effort in response to immediacy and information overload.

5. **To employ artificial intelligence** as an extension of thought—not as a substitute for human intelligence—always maintaining human control, oversight, and accountability for its outcomes.

6. **To protect personal identity, privacy, and dignity** against data extraction and automated surveillance, demanding transparency and human oversight in all systems that affect our lives.

7. **To develop an AI ethics** rooted in fairness, explainability, justice, and the right not to be reduced to profiles, patterns, or predictions.

8. **To listen to the experience** of intelligent immigrants as living memory of the analog culture—a source of prudence, historical awareness, and moral limits in the face of blind automation enthusiasm.

9. **To build an intergenerational culture** that combines the creativity of youth with the wisdom of elders, and that places the common good above technological efficiency or profit.

10. **To help intelligent natives embody** the humanism of the 21st century.

13. Anexo:
LEY EUROPEA DE INTELIGENCIA ARTIFICIAL 2024

Es muy relevante conocer los detalles de la nueva Ley Europea de Inteligencia Artificial 2024.En abril de 2021, la Comisión Europea propuso el AI Act, el primer marco legal integral para la IA a nivel mundial. Finalmente, el 13 de marzo de 2024 se dio la "Resolución legislativa del Parlamento Europeo sobre la propuesta de Reglamento del Parlamento Europeo y del Consejo por el que se establecen normas armonizadas en materia de inteligencia artificial (Ley de Inteligencia Artificial).

Esta resolución se basa en un enfoque de riesgo, clasificando los sistemas de IA en cuatro categorías: riesgo inaceptable, alto, limitado y mínimo.

– Riesgo Inaceptable:
- Se prohíben los sistemas de IA que presentan un riesgo claro para la seguridad, los medios de vida y los derechos de las personas. Ejemplos incluyen los sistemas de puntuación social utilizados por gobiernos y las tecnologías que manipulan el comportamiento humano de manera perjudicial.

– Riesgo Alto:
- Los sistemas de IA que se utilizan en infraestructuras críticas, educación, empleo, servicios esenciales (como la policía y la justicia) y en productos y servicios que pueden tener un impacto significativo en los derechos fundamentales, están sujetos a estrictas evaluaciones de conformidad antes de su despliegue.
- Estos sistemas deben cumplir con requisitos específicos de calidad de datos, documentación técnica, supervisión humana y medidas de seguridad.

– Riesgo Limitado:
  • Los sistemas de IA en esta categoría deben cumplir con requisitos específicos de transparencia. Los usuarios deben ser informados de que están interactuando con una IA, permitiendo así una toma de decisiones más informada.
– Riesgo Mínimo:
  • Se permite el uso de sistemas de IA que no presentan riesgos significativos y no están sujetos a requisitos adicionales de conformidad.

Las normas armonizadas que se establecen en el presente Reglamento deben aplicarse en todos los sectores y, en consonancia con el nuevo marco legislativo, deben entenderse sin perjuicio del Derecho vigente de la Unión, en particular en materia de protección de datos, protección de los consumidores, derechos fundamentales, empleo, protección de los trabajadores y seguridad de los productos.

La nueva ley europea de IA resumida en cuatro puntos:

1. La Ley de IA clasifica la IA en función de su riesgo:
  • Se prohíben los riesgos inaceptables (por ejemplo, los sistemas de puntuación social y la IA manipuladora).
  • La mayor parte del texto aborda los sistemas de IA de alto riesgo, que están regulados.
  • Una sección más pequeña se ocupa de los sistemas de IA de riesgo limitado, sujetos a obligaciones de transparencia más ligeras: los desarrolladores e implantadores deben garantizar que los usuarios finales sean conscientes de que están interactuando con IA (chatbots y deepfakes).
  • El riesgo mínimo no está regulado (incluida la mayoría de las aplicaciones de IA actualmente disponibles en el mercado único de la UE, como los videojuegos con IA y los filtros de spam, al menos en 2021; esto está cambiando con la IA generativa).
2. La mayoría de las obligaciones recaen en los proveedores (desarrolladores) de sistemas de IA de alto riesgo:
  • Los que pretendan comercializar o poner en servicio sistemas de IA de alto riesgo en la UE, independientemente de que tengan su sede en la UE o en un tercer país.

- Y también proveedores de terceros países en los que el producto del sistema de IA de alto riesgo se utiliza en la UE.
3. Los usuarios son personas físicas o jurídicas que despliegan un sistema de IA a título profesional, no usuarios finales afectados:
   - Los usuarios (implantadores) de sistemas de IA de alto riesgo tienen algunas obligaciones, aunque menos que los proveedores (desarrolladores).
   - Esto se aplica a los usuarios ubicados en la UE y a los usuarios de terceros países en los que la producción del sistema de IA se utiliza en la UE.
4. IA de propósito general (GPAI):
   - Todos los proveedores de modelos GPAI deben proporcionar documentación técnica, instrucciones de uso, cumplir la Directiva sobre derechos de autor y publicar un resumen sobre los contenidos utilizados para la formación.
   - Los proveedores de modelos GPAI de licencia libre y abierta sólo tienen que respetar los derechos de autor y publicar el resumen de datos de formación, a menos que presenten un riesgo sistémico.
   - Todos los proveedores de modelos GPAI que presenten un riesgo sistémico -abiertos o cerrados- también deben realizar evaluaciones de modelos, pruebas de adversarios, rastrear y notificar incidentes graves y garantizar protecciones de ciberseguridad.

14. Glosario de términos clave

Algoritmo

Secuencia de pasos lógicos y ordenados que una máquina sigue para resolver un problema o realizar una tarea. En el contexto de la inteligencia artificial, los algoritmos procesan grandes volúmenes de datos para identificar patrones y tomar decisiones automáticas, a menudo sin intervención humana directa.

Inteligencia Artificial (IA)

Conjunto de tecnologías que permiten a las máquinas simular procesos cognitivos humanos como el aprendizaje, la percepción, el razonamiento o la toma de decisiones. Puede aplicarse a tareas muy diversas, desde diagnósticos médicos hasta recomendaciones de contenido en redes sociales.

IA generativa

Subcampo de la inteligencia artificial que crea contenido nuevo y original (texto, imágenes, música, código, etc.) a partir de modelos entrenados con grandes cantidades de datos. Herramientas como ChatGPT o DALL·E son ejemplos de IA generativa, y su uso plantea nuevos retos éticos, creativos y educativos.

Transparencia algorítmica

Capacidad de comprender cuándo y cómo un algoritmo interviene en una decisión que afecta a una persona, así como conocer los criterios utilizados. Es un principio fundamental para garantizar el derecho a la información, detectar sesgos y asegurar la equidad en los procesos automatizados.

Supervisión humana

Garantía de que las decisiones automatizadas no sean totalmente autónomas ni irreversibles. Implica que las personas puedan revisar, corregir o revertir decisiones tomadas por sistemas de IA, preservando la autonomía humana y el control ético.

Prosumidor ético

Individuo que no solo consume tecnología, contenidos y servicios digitales, sino que también los produce, comparte o modifica con responsabilidad social, conciencia crítica y principios éticos. El prosumidor ético es un agente activo en el ecosistema digital, no un usuario pasivo.

Privacidad digital

Derecho de toda persona a controlar la recopilación, el uso y la difusión de sus datos personales en entornos digitales. Incluye el respeto a la intimidad, el anonimato y la protección contra la vigilancia excesiva o no consentida.

Identidad digital

Conjunto de datos, perfiles, huellas y percepciones que una persona genera o deja en internet a través de su actividad. Puede afectar a su reputación, oportunidades laborales, acceso a servicios o incluso decisiones automatizadas sobre ella.

Nativo digital

Término popularizado por Marc Prensky para describir a quienes han crecido en entornos tecnológicos y usan con naturalidad dispositivos digitales. Sin embargo, no implica necesariamente competencia crítica, ética ni comprensión profunda de los sistemas digitales.

Nativo inteligente

Concepto central de este libro: individuo que, además de ser un nativo digital, posee pensamiento crítico, sensibilidad ética, habilidades tecnológicas avanzadas y conciencia de los derechos y deberes en el ecosistema digital-inteligente. Está llamado a ser el nuevo humanista del siglo XXI.

Inmigrante inteligente

Persona nacida antes de la era digital, que ha tenido que adaptarse a los nuevos entornos tecnológicos, y que aporta experiencia, juicio y perspectiva crítica. Su papel es clave en la colaboración intergeneracional y en la construcción de una sociedad digital ética y equitativa.

15. Bibliografía:

1. Prensky, M. (2001). *Digital Natives, Digital Immigrants*. On the Horizon, 9(5), 1-6.

2. Trujillo, J. A. (2024). *Nativos inteligentes: La generación de la IA*. Blog personal en www.joseantoniotrujillo.com.

3. Topol, E. J. (2019). *Deep Medicine: How Artificial Intelligence Can Make Healthcare Human Again*. Basic Books.

4. Brynjolfsson, E., & McAfee, A. (2014). *The Second Machine Age: Work, Progress, and Prosperity in a Time of Brilliant Technologies*. W.W. Norton & Company.

5. Nilsson, N. J. (2010). *The Quest for Artificial Intelligence: A History of Ideas and Achievements*. Cambridge University Press.

6. Guerrero, W. A., Camacho-Galindo, S., Guerrero-Martin, L. E., Arévalo, J. C., de Freitas, P. P., Costa Gómes, V. J., Fernandes, F. A. S., & Guerrero-Martin, C. A. (2024). *Impacto de la inteligencia artificial en la toma de decisiones financieras: oportunidades y desafíos para los líderes empresariales*. DYNA, 91(233). https://doi.org/10.15446/dyna.v91n233.114660

7. Li, Z., Lu, Z., & Yin, M. (2024). *Decoding AI's Nudge: A Unified Framework to Predict Human Behavior in AI-assisted Decision Making*. arXiv preprint arXiv:2401.05840. https://arxiv.org/abs/2401.05840

8. Nagsen Gopnarayan, M., Aru, J., & Gluth, S. (2023). *From DDMs to DNNs: Using process data and models of decision-making to impro-*

ve human-AI interactions. arXiv preprint arXiv:2308.15225. https://arxiv.org/abs/2308.15225

9. Meissner, P., & Narita, Y. (2023). *Así es como la inteligencia artificial transformará la toma de decisiones. Foro Económico Mundial.* https://es.weforum.org/stories/2023/10/la-inteligencia-artificial-transformara-la-toma-de-decisiones-asi-es-como/

10. Afonso, G. (2024). *Los sesgos de la Inteligencia Artificial: el desbloqueo facial falla más con las personas racializadas. Radio Eibar.* https://cadenaser.com/euskadi/2024/12/13/los-sesgos-de-la-inteligencia-artificial-el-desbloqueo-facial-falla-mas-con-las-personas-racializadas-radio-eibar/

11. Carr, Nicholas (2010). *Superficiales: ¿Qué está haciendo Internet con nuestras mentes?.* Editorial Taurus.

12. .Kahneman, Daniel (2011). *Pensar rápido, pensar despacio.* Editorial Debate.

13. Turkle, Sherry (2011). *En defensa de la conversación: El poder de la charla en la era digital.* Editorial Ático de los Libros.

14. Siemens, George (2005). *Connectivism: A Learning Theory for the Digital Age. International Journal of Instructional Technology and Distance Learning.*

15. Brynjolfsson, Erik, & McAfee, Andrew (2014). *The Second Machine Age: Work, Progress, and Prosperity in a Time of Brilliant Technologies.* W.W. Norton & Company.

16. Holmes, Wayne, Bialik, Maya, & Fadel, Charles (2019). *Artificial Intelligence in Education: Promises and Implications for Teaching and Learning.* Center for Curriculum Redesign.

17. Siemens, George (2012). *Learning Analytics: The Emergence of a Discipline. American Behavioral Scientist, 57(10).*

18. Selwyn, Neil (2016). *Is Technology Good for Education?* Polity Press.

19. Luckin, Rosemary (2018). *Machine Learning and Human Intelligence: The Future of Education for the 21st Century*. UCL IOE Press.

20. Benítez-Baleato, S. (2020). *Educación para la ciudadanía digital: Algoritmos, automatización y opinión pública*. Comunicar, 74, 1-10. https://www.revistacomunicar.com/pdf/call/call-74-es.pdf

21. González-Ramírez, J., & López-Gracia, M. (2018). *Problemas y desarrollo de la identidad en el mundo digital*. Revista Chilena de Derecho y Tecnología, 7(2), 251-270. https://www.scielo.cl/scielo.php?pid=S0719-25842021000200251&script=sci_arttext

22. Martínez, M., & Sánchez, J. (2016). *Redes sociales: Influencia en la construcción de la identidad de las/os adolescentes que residen en centros de acogida*. RES: Revista de Educación Social, 36, 1-15. https://www.eduso.net/res/revista/36/miscelanea/redes-sociales-influencia-en-la-construccion-de-la-identidad-de-las-os-adolescentes-que-residen-en-centros

23. Fundación Telefónica. (2012). *Identidad digital*. Telos: Cuadernos de Comunicación e Innovación, 91, 1-5. https://telos.fundaciontelefonica.com/archivo/numero091/identidad-digital/

24. Mislove, A. (2024). *La influencia de las empresas tecnológicas en la construcción de la identidad y el pensamiento*. El País. https://elpais.com/tecnologia/2024-11-19/alan-mislove-investigador-hay-empresas-tecnologicas-con-una-influencia-alucinante-sobre-como-hablamos-y-pensamos.html

Este ejemplar de
NATIVOS INTELIGENTES
se terminó de imprimir
el 24 de octubre de 2025,
aniversario de la muerte de John McCarthy,
uno de los fundadores de la IA
y quien acuñó el término *artificial intelligence.*